Bourne Klein

SOUTH OF MIDNIGHT
SPIELERATGEBER 2025

Beherrsche die dunkle Fantasy-Welt mit Expertenstrategien, mächtigen Builds und exklusiven Tipps für jeden Spieler: vom Neuling bis zum Profi.

KAPITEL 1: EINFÜHRUNG IN SOUTH OF MIDNIGHT

Die Welt von South of Midnight

Willkommen in der gespenstisch schönen Welt von *South of Midnight*, in der Folklore auf Fantasie in einem reichhaltigen Teppich aus Geheimnissen und Wundern trifft. Vor der Kulisse des amerikanischen Südens webt dieses Spiel eine Geschichte, die so dicht ist wie der Bayou-Nebel, ein Ort, an dem uralte Legenden atmen und jeder Schatten eine Geschichte erzählt. Von dem Moment an, in dem du diese Welt betrittst, bist du nicht nur ein Spieler; Du bist ein Reisender, ein Abenteurer, der den dünnen Schleier zwischen Realität und Übernatürlichem durchquert.

Ein Land voller Mythen und Geheimnisse

Die Welt von *South of Midnight* ist nicht nur ein Setting, sondern ein lebendiger, atmender Charakter. Jeder knorrige Baum, jede bröckelnde Ruine und jeder mondbeschienene Sumpf trägt das Gewicht unerzählter Geschichten. Dies ist ein Ort, an dem Folklore lebendig wird, an dem Voodoo-Mythen und Südstaaten-Gothic-Horror zusammenkommen, um eine Atmosphäre zu schaffen, die sowohl unheimlich als auch bezaubernd ist. Während du die offene Welt des Spiels durchquerst, triffst du auf geisterhafte Gestalten, verfluchte Sehenswürdigkeiten und Geheimnisse, die älter sind als die Zeit selbst.

Was diese Welt so fesselnd macht, ist die Mischung aus Vertrautem und Fantastischem. In einem Moment läuft man durch eine verschlafene Stadt mit abblätternder Farbe und verrosteten Straßenschildern; Im nächsten Moment stehst du einer Kreatur direkt aus der Legende gegenüber. Jeder Ort fühlt sich geerdet und doch wie aus einer anderen Welt an und zieht dich mit jedem Schritt tiefer in die Erzählung hinein.

Regionen und Umgebungen

South of Midnight ist in verschiedene Regionen unterteilt, jede mit ihrer eigenen einzigartigen Atmosphäre und Herausforderungen. Egal, ob du durch die Sümpfe von Cypress Hollow watest oder die verfallenden Straßen von Ember Grove erkundest, das Spiel hält dich ständig in Atem, nicht mit Jump Scares, sondern mit einem Gefühl des Grauens, das unter deine Haut kriecht.

- **Cypress Hollow:** Ein düsterer Sumpf, in dem die Bäume deinen Namen zu flüstern scheinen. Die Luft ist dick mit Nebel, und das Wasser kräuselt sich unnatürlich. Hier beginnen viele Legenden, und nur wenige wagen sich daran, sie zu betreten.

- **Ember Grove:** Einst eine blühende Stadt, heute ein verfallendes Relikt der Vergangenheit. Geistergeschichten sind mehr als nur Gute-Nacht-Geschichten, hier sind sie Warnungen.

- **The Forgotten Reach:** Ein Ort, der von der Zeit unberührt geblieben ist und an dem uralte Ruinen die Schlüssel zu mächtigen Geheimnissen enthalten. Es ist schön, aber gefährlich für Unvorbereitete.

- **Die Mitternachtsküste:** Eine einsame Küste, an der die Wellen mehr als nur Treibholz mit sich führen. Hier sind die Grenzen zwischen den Welten am dünnsten.

Jede dieser Regionen bietet mehr als nur atemberaubende Grafiken. Sie fordern dich heraus, dich anzupassen, zu überleben und die Wahrheit aufzudecken, die in den Schatten verborgen ist.

Die Geschichte, die alles verbindet

In *South of Midnight* ist die Geschichte nicht etwas, das man in staubigen Wälzern liest, sondern sie ist in jeden Aspekt des Spiels eingewoben. NPCs sprechen in gedämpftem Ton über "die Alten" und "Dinge, die man am besten ungestört lässt". Seltsame Symbole, die in Steinmauern eingraviert sind, betteln darum, entziffert zu werden, während verstreute Briefe und Tagebucheinträge die verzweifelten letzten Worte derer enthüllen, die vor Ihnen kamen.

Aber es geht nicht nur darum, die Überlieferung zu lesen; Es geht darum, es zu erleben. Von verfluchten Objekten, die ihre tragischen Hintergrundgeschichten flüstern, bis hin zu geisterhaften Begegnungen, die noch lange nach ihrem Verschwinden nachwirken, lädt dich jedes Stück der Welt ein, tiefer zu graben. Das Spiel belohnt die Neugier und ermutigt dich, jede dunkle Ecke zu erkunden und jedem beunruhigenden Geräusch zu lauschen.

Eine Welt, die auf dich reagiert

Was *South of Midnight* wirklich besonders macht, ist, wie lebendig sich die Welt anfühlt. Deine Entscheidungen sind nicht nur in den großen, spielentscheidenden Entscheidungen wichtig, sondern auch in den kleinen Momenten. Hilf einem gestrandeten Reisenden im Sumpf, und du könntest einen mächtigen Verbündeten gewinnen. Ignoriere die Warnungen einer geisterhaften Gestalt, und du könntest verflucht werden. Die Welt erinnert sich an deine Taten, und ihre Bewohner reagieren entsprechend.

Tag- und Nachtzyklen bringen ein dynamisches Element in die Erkundung. Tagsüber fühlt sich die Welt unheimlich, aber überschaubar an; In der Nacht haucht die Dunkelheit alten Schrecken neues Leben ein. Bestimmte Kreaturen tauchen nur im Schutz der Dunkelheit auf, und sichere Zufluchtsorte werden rar gesät.

Warum diese Welt wichtig ist

Die Welt von *South of Midnight* ist nicht nur ein Setting, sondern eine Geschichte für sich. Es zieht dich mit seiner eindringlichen Schönheit in seinen Bann und hält dich mit seiner reichhaltigen Geschichte und seinem dynamischen Gameplay süchtig. Egal, ob du durch die mondbeschienenen Sümpfe wanderst oder die Wahrheit hinter den vergessenen Tragödien der Stadt aufdeckst, jeder Moment fühlt sich zielgerichtet an.

Dies ist keine Welt, die man einfach durchquert, es ist eine Welt, die man überlebt, gestaltet und, wenn man Glück hat, versteht. In *South of Midnight* ist die Mitternachtsstunde nicht nur eine Zeit, sondern ein Ort. Und wenn Sie einmal eingetreten sind, möchten Sie vielleicht gar nicht mehr gehen.

Überblick über die Handlung und das Setting

In *South of Midnight* ist der Grat zwischen Realität und Mythos hauchdünn. Dieses Spiel spielt im Herzen des amerikanischen Südens und bietet eine düstere und fesselnde Erzählung, die von Südstaaten-Gothic-Folklore durchdrungen ist. Es ist eine Geschichte über Überleben, Erlösung und die eindringliche Macht von Geheimnissen, die vor sich hin schwelen. Von den verfallenden Kleinstädten bis hin zu den düsteren Bayous hat jeder Zentimeter dieser Welt eine Geschichte zu erzählen, und es ist nicht immer eine angenehme.

Die Prämisse

Du schlüpfst in die Rolle **von Cal Morgan**, einem Herumtreiber mit einer schwierigen Vergangenheit und einem Händchen dafür, Ärger dort zu finden, wo er sich versteckt. Nachdem du einen mysteriösen Brief über ein lange verschollenes Familienerbstück erhalten hast, das mit einer vergessenen Stadt namens **Hollow's Edge verbunden ist**, begibst du dich auf eine Reise, die sich schnell zu etwas viel Unheimlicherem entwickelt. Was als einfache Suche nach Antworten beginnt, wird bald zu einem Kampf gegen die dunklen Mächte, die in den Schatten lauern.

Aber dies ist keine typische Heldenreise. In *South of Midnight* werden nicht alle Monster geboren, manche werden gemacht. Während du die dunkle Geschichte der Stadt aufdeckst, musst du dich nicht nur den Kreaturen der Nacht, sondern auch den Geistern deiner eigenen Vergangenheit stellen.

Eine Kulisse wie keine andere

Das Spiel spielt in einer alternativen Version des amerikanischen Südens, in dem Folklore nicht nur eine Gute-Nacht-Geschichte ist, sondern eine Realität, die in den Alltag eingewoben ist. Das Setting ist eine meisterhafte Mischung aus Südstaaten-Gothic-Ästhetik und düsteren Fantasy-Elementen. Verrostete Pickups stehen verlassen neben uralten Steintotems. Knarrende Veranden ächzen unter der Last der Geheimnisse, und die Luft ist dick vom Duft von Sumpfwasser und alter Magie.

Wichtige Standorte:

- **Hollow's Edge:** Eine einst blühende Stadt, die nun in ihrer eigenen Geschichte ertrinkt. Die Menschen halten sich bedeckt, die Straßen werden von Geflüster heimgesucht und ihre Geheimnisse reichen tiefer als ihre Wurzeln.

- **Der Geisterwald:** Ein dichter Wald, den die Einheimischen nach Einbruch der Dunkelheit meiden. Man sagt, dass diejenigen, die sich zu tief vorwagen, nie zurückkehren oder, schlimmer noch, sie kommen zurück... Verschieden.

- **Die ertrunkenen Felder:** Einst fruchtbares Ackerland, heute eine überflutete Fläche, in der die Toten nicht ruhen. Seltsame Lichter schweben nachts über dem Wasser, und unter der Oberfläche regt sich etwas Uraltes.

- **Die Mitternachtskreuzung:** Ein Ort, an dem Geschäfte gemacht werden und Seelen verloren gehen. Man sagt, wenn man um Mitternacht da steht, kann man mit etwas verhandeln, das älter ist als die Zeit.

Themen und Erzähltiefe

Im Kern ist *South of Midnight* mehr als nur ein Spiel über den Kampf gegen Monster, es ist eine Geschichte über das Gewicht der Geschichte und den Preis, sie zu ignorieren. Das Spiel erforscht Themen wie Schuld, Erlösung und die zyklische Natur von Traumata. Viele der Charaktere, die du triffst, tragen ihre eigenen Lasten mit sich, und deine Interaktionen mit ihnen können nicht nur ihr Schicksal, sondern auch den Verlauf der gesamten Geschichte beeinflussen.

Du wirst vor moralischen Entscheidungen stehen, die die Grenze zwischen richtig und falsch verwischen. Hilf du dem rachsüchtigen Geist, der Gerechtigkeit für seinen vorzeitigen Tod sucht, auch wenn das bedeutet, den Lebenden zu schaden? Vertraust du dem charmanten Herumtreiber, der dir Hilfe anbietet, obwohl er weiß, dass er vielleicht eine dunklere Agenda verbirgt? Jede Entscheidung, die du triffst, wirkt sich auf die Welt aus und formt das Ergebnis auf subtile und tiefgreifende Weise.

Eine lebendige, atmende Erzählung

Die Schönheit von *South of Midnight* liegt in seiner Fähigkeit, die Welt lebendig erscheinen zu lassen. Die Wahl der Dialoge, die Erkundung und sogar die Art und Weise, wie du bestimmte Missionen angehst, können die Erzählung des Spiels auf überraschende Weise verändern. Nebenquests sind nicht nur Füllinhalte, sie bieten einen tieferen Einblick in die Welt und ihre Menschen und bieten emotionale Tiefe, die die Geschichte noch lange nach dem Abspann nachhallen lässt.

Das Setting selbst erzählt eine Geschichte. Eine mit Brettern vernagelte Kirche deutet auf eine Gemeinde hin, die ihren Glauben verloren hat. Ein verrostetes Medaillon, das im Schlamm gefunden wurde, enthüllt das tragische Ende einer verbotenen Liebe. Umgebungsgeschichten sind überall und belohnen Spieler, die sich die Zeit nehmen, jede dunkle Ecke zu erkunden.

Warum die Geschichte wichtig ist

In *South of Midnight* ist die Geschichte nicht nur etwas, das man sich entfaltet, sondern etwas, das man lebt. Es ist eine Reise durch Verlust, Angst und letztendlich Hoffnung. Die Kulisse ist mehr als nur eine Kulisse; Es ist ein Spiegelbild der Charaktere, die es bewohnen, einschließlich Ihnen.

Dies ist eine Welt, in der die Vergangenheit nie wirklich stirbt und die Entscheidungen, die du triffst, darüber entscheiden, ob du den Kreislauf durchbrichst oder ein weiterer vergessener Geist wirst. Egal, ob du dich von der reichhaltigen Geschichte, der eindringlichen Atmosphäre oder den komplexen Charakteren angezogen fühlst, eines ist sicher, sobald du *South of Midnight* betrittst, wirst du nicht mehr unverändert bleiben.

Hauptcharaktere und Fraktionen

Das Herz von *South of Midnight* schlägt durch seine Charaktere und
Fraktionen eine vielfältige Besetzung von Helden, Schurken und
moralisch grauen Figuren, die der reichhaltigen Erzählung des
Spiels Leben einhauchen. Jeder Charakter, dem du begegnest, trägt
eine Geschichte in sich, die so schwer ist wie die Luft des Südens,
und jede Fraktion hat Motive, die tiefer vergraben sind als die
Wurzeln der ältesten Zypressen. In dieser Welt sind Allianzen
zerbrechlich, Vertrauen ist ein Luxus und das Überleben hat oft
seinen Preis.

Hauptcharaktere

Cal Morgan Der Herumtreiber mit Vergangenheit

Du schlüpfst in die abgenutzten Stiefel von **Cal Morgan**, einem
einsamen Wanderer mit einer gespenstischen Vergangenheit. Als
junges Waisenkind und abgehärtet durch die Jahre auf der Straße,
ist Cal die Dunkelheit sowohl im Außen als auch im Inneren nicht
fremd. Was Cal auszeichnet, ist die Fähigkeit des Spielers, seine
Persönlichkeit durch Entscheidungen zu formen. Egal, ob du einen
skrupellosen Überlebenden oder einen mitfühlenden Beschützer
spielst, Cals Reise ist eine Reise der Selbstfindung, der Erlösung und
der Konfrontation mit den Konsequenzen vergangener Taten.

- **Stärken:** Anpassungsfähig, einfallsreich, geschickt im
  Kampf.

- **Schwächen:** Von Schuldgefühlen geplagt, kämpft er mit dem
  Vertrauen.

- **Motivation:** Die Wahrheit hinter dem dunklen Erbe ihrer
  Familie aufzudecken.

Lucille Hartley Die Hüterin der Geheimnisse

Lucille ist eine scharfzüngige, geradlinige Frau, die die **Last Light Tavern betreibt**, und weiß mehr, als sie zugibt. Tagsüber serviert sie Getränke und abends Informationen, wobei sie als inoffizielle Historikerin von Hollow's Edge fungiert. Wenn Sie Antworten wollen, Lucille hat sie, aber sie sind nicht billig.

- **Stärken:** Sachkundig, gut vernetzt.

- **Schwächen:** Misstrauisch gegenüber Außenstehenden.

- **Motivation:** Die Geheimnisse ihrer Stadt um jeden Preis zu schützen.

Der Mitternachtsmann: Der Dealmaker

In jeder Legende gibt es ein Monster, und in *South of Midnight* trägt dieses Monster ein Lächeln. Der **Mitternachtsmann** ist eine mysteriöse Gestalt, die erscheint, wenn die Uhr zwölf schlägt, und Angebote macht, die zu gut sind, um wahr zu sein. Aber jedes Geschenk hat seinen Preis, und der Mitternachtsmann vergisst nie eine Schuld.

- **Stärken:** Manipulativ, fast allwissend.

- **Schwächen:** Gebunden an die Regeln der Kreuzung.

- **Motivation:** Seelen sammeln und das Gleichgewicht aufrechterhalten.

Eli Wade Der: Verfluchte Jäger

Einst der angesehenste Jäger der Stadt, ist Eli heute nur noch ein Schatten des Mannes, der er einmal war. Verflucht von einer Kreatur, die er nicht töten konnte, durchstreift Eli die Sümpfe, halb Mensch, halb Bestie, und kämpft darum, seine Menschlichkeit intakt zu halten. Er kann dein größter Verbündeter oder dein schlimmster Feind sein.

- **Stärken: Experten-Tracker** , unübertroffene Stärke.

- **Schwächen:** Unkontrollierbare Wut bei Vollmond.

- **Motivation:** Den Fluch zu brechen, bevor er ihn verzehrt.

Fraktionen

Die Miliz der Höhle

Was als eine Gruppe von Stadtbewohnern begann, die ihre Heimat verteidigten, hat sich zu etwas viel Unheimlicherem entwickelt. Die **Miliz der Höhle bewahrt** den Frieden durch Angst, und sie ist nicht erfreut über Außenstehende, die sich in ihre Angelegenheiten einmischen. Mit Verbindungen zu dunklen Mächten, die sie kaum verstehen, verwischen sie die Grenze zwischen Beschützern und Unterdrückern.

- **Verbündete:** Loyale Stadtbewohner, opportunistische Söldner.

- **Feinde:** Jeder, der ihre Autorität in Frage stellt.

- **Motivation:** Um jeden Preis die Kontrolle zu behalten.

Der Kreis der Dornen

Ein geheimnisvoller Kult, der den alten Göttern gewidmet ist, die unter dem Sumpf wohnen. Sie glauben, dass sie durch Blutopfer Macht und Unsterblichkeit erlangen können. Ihr Einfluss geht tiefer, als den meisten bewusst ist, und ihre Mitglieder ziehen als gewöhnliche Bürger verkleidet durch die Stadt.

- **Verbündete:** Dunkle Wesen, verfluchte Kreaturen.

- **Feinde:** Jeder, der sich ihren Ritualen in den Weg stellt.

- **Motivation:** Die alten Götter zu erwecken und ewige Macht für sich zu beanspruchen.

Der Sumpfkin

Die Sumpfkin **sind weder ganz Mensch noch Tier,** sondern die einheimischen Kreaturen der Ertrunkenen Felder. Sie sind uralte Wächter, die an das Land und seine Magie gebunden sind. Obwohl sie nicht von Natur aus feindselig sind, erleiden sie Eindringlinge nicht leichtfertig. Wenn du ihr Vertrauen gewinnst, gewinnst du mächtige Verbündete. Überquere sie, und du darfst den Sumpf nicht lebend verlassen.

- **Allies:** Die Natur, uralte Magie.

- **Feinde:** Wilderer, Kultisten und zerstörerische Außenseiter.

- **Motivation:** Das Land vor Korruption zu schützen.

Die Wanderers

Eine bunt zusammengewürfelte Gruppe von Nomaden, Händlern und Verbannten, die die Nebenstraßen von *South of Midnight* bereisen. Sie sind keiner Stadt oder Fraktion gegenüber loyal, aber sie haben überall Augen und Ohren. Wenn Sie Vorräte, Informationen oder einen Ort zum Verstecken benötigen, können die Wanderers zum richtigen Preis helfen.

- **Alliierte:** Niemand und jeder.

- **Feinde:** Diejenigen, die ihr Vertrauen missbrauchen.

- **Motivation:** Überleben durch Neutralität und Handel.

Was Sie von diesem Leitfaden erwarten können

Dieser Guide ist mehr als nur eine Komplettlösung, er ist dein ultimativer Begleiter, um *South of Midnight zu meistern*. Egal, ob du ein Gelegenheitsspieler bist, der die reichhaltige Geschichte erkunden möchte, oder ein erfahrener Spieler, der fortgeschrittene Strategien sucht, dieser Leitfaden bietet für jeden etwas. Hier ist, was Sie erwarten können, wenn Sie durch die kommenden Seiten reisen:

Umfassende exemplarische Vorgehensweisen

Von den ersten Schritten in Hollow's Edge bis zur finalen Konfrontation mit dem Midnight Man behandeln wir jede Mission, jede Nebenquest und jeden Bosskampf bis ins kleinste Detail. Mit Tipps, wie du an den Kampf, die Erkundung und die Entscheidungsfindung herangehst, wirst du dich nie verloren fühlen.

Expertenstrategien für jeden Spielstil

Egal, ob du es vorziehst, Feinde frontal anzugehen oder einen heimlicheren Ansatz zu wählen, dieser Leitfaden bietet maßgeschneiderte Strategien für alle Spielstile. Du lernst, wie du leistungsstarke Charakter-Builds baust, Ressourcen effizient verwaltest und dich an die dynamischen Umgebungen des Spiels anpasst.

Einblicke in die Geschichte und den Aufbau der Welt

South of Midnight ist ein Spiel, das reich an Hintergrundgeschichten ist, und wir haben keinen Stein auf dem anderen gelassen. Von den Ursprüngen der Mitternachtskreuzung bis zur tragischen Vergangenheit von Hollow's Edge erfährst du eine tiefere Wertschätzung für die Erzählung und den Aufbau der Welt des Spiels.

Geheimnisse, Sammlerstücke und versteckte Inhalte

Wenn Sie ein Komplettist sind, ist dieser Leitfaden Ihr bester Freund. Wir heben jedes Sammlerstück, jeden versteckten Ort und jedes Easter Egg hervor, um sicherzustellen, dass du kein einziges Detail verpasst.

Erfolge, Trophäen und mehr

Für diejenigen, die eine 100%ige Fertigstellung anstreben, bieten
wir eine vollständige Aufschlüsselung aller Erfolge und Trophäen,
einschließlich Tipps zum Freischalten der anspruchsvollsten
Erfolge.

Updates und zukünftige Inhalte

Während *sich South of Midnight* mit DLCs und Updates
weiterentwickelt, geben wir euch Einblicke, wie ihr neue Inhalte
angehen und der Zeit voraus seid.

Kurz gesagt, dieser Leitfaden wurde entwickelt, um Ihr
Spielerlebnis zu verbessern und Ihnen nicht nur zu helfen, die
dunkle Welt von *South of Midnight zu überleben* , sondern darin
auch zu gedeihen. Egal, ob du wegen der Geschichte, der Strategie
oder einfach nur wegen aller Geheimnisse hier bist, die das Spiel zu
bieten hat, dieser Leitfaden wird dafür sorgen, dass du ein tieferes
Verständnis verstehst und vielleicht ein paar Geistergeschichten zu
erzählen hast.

KAPITEL 2: SYSTEMANFORDERUNGEN UND INSTALLATION

Mindest- und empfohlene Spezifikationen

Bevor du in die dunkle und faszinierende Welt von *South of Midnight eintauchst*, musst du sicherstellen, dass dein System bereit ist, die reichhaltige Grafik und das fesselnde Gameplay des Spiels zu bewältigen. Im Folgenden finden Sie die minimalen und empfohlenen Spezifikationen, die erforderlich sind, um das Spiel reibungslos auf dem PC auszuführen. Konsolenspieler können diesen Abschnitt überspringen, es sei denn, sie möchten die Leistungseinstellungen optimieren.

Mindestanforderungen (für spielbare Leistung):

Diese Spezifikationen sind für diejenigen gedacht, die das Spiel einfach nur zum Laufen bringen wollen. Erwarten Sie eine geringere Grafikqualität und moderate Bildraten.

- **Betriebssystem:** Windows 10 (64-Bit)

- **Prozessor (CPU):** Intel Core i5-8400 @ 2,8 GHz oder AMD Ryzen 5 2600

- **Grafikkarte (GPU):** NVIDIA GeForce GTX 1060 (6 GB) oder AMD Radeon RX 580 (8 GB)

- **Arbeitsspeicher:** 8 GB DDR4

- **Speicherplatz:** 70 GB verfügbarer Speicherplatz (SSD bevorzugt, aber nicht erforderlich)

- **DirectX:** Version 12

- **Auflösung:** 1080p @ 30 FPS (niedrige bis mittlere Einstellungen)

Leistungserwartungen:

Bei minimalen Spezifikationen ist mit einer geringeren Texturqualität, reduzierten Lichteffekten und gelegentlichen Bildverlusten in Bereichen mit hoher Dichte zu rechnen. Das Spiel bleibt jedoch voll spielbar.

Empfohlene Spezifikationen (für ein optimales Erlebnis):

Wenn Sie South of Midnight *so erleben möchten*, wie es die Entwickler beabsichtigt haben, mit flüssiger Leistung, hochauflösenden Texturen und minimalen Frame-Drops, sind dies die Spezifikationen, die Sie brauchen.

- **Betriebssystem:** Windows 11 (64-Bit)

- **Prozessor (CPU):** Intel Core i7-9700K @ 3,6 GHz oder AMD Ryzen 7 3700X

- **Grafikkarte (GPU):** NVIDIA GeForce RTX 3070 (8 GB) oder AMD Radeon RX 6800 (16 GB)

- **Arbeitsspeicher:** 16 GB DDR4

- **Speicher:** 70 GB SSD (Solid State Drive dringend empfohlen)

- **DirectX:** Version 12

- **Auflösung:** 1440p @ 60+ FPS (High bis Ultra Settings)

Leistungserwartungen:

Mit diesen Spezifikationen können die Spieler selbst in den anspruchsvollsten Kampfszenarien hochwertige Texturen, realistische Beleuchtung, fortschrittliches Schatten-Rendering und ein flüssiges Gameplay genießen.

Ultra- und 4K-Gaming (für Enthusiasten):

Für diejenigen, die die Grenzen der Leistung mit Raytracing und 4K-Auflösung erweitern möchten, sind diese Spezifikationen ideal.

- **Prozessor (CPU):** Intel Core i9-12900K oder AMD Ryzen 9 5900X

- **Grafikkarte (GPU):** NVIDIA GeForce RTX 4080 oder AMD Radeon RX 7900 XTX

- **Arbeitsspeicher:** 32 GB DDR5

- **Speicher:** NVMe SSD (1 TB oder mehr)

- **Auflösung:** 4K @ 60+ FPS (Ultra-Einstellungen mit Raytracing)

Spezifikationen der Konsole:

- **PlayStation 5:** 4K-Auflösung, 60 FPS (Performance-Modus) / 30 FPS (Qualitätsmodus mit Raytracing)

- **Xbox Series X|S:** 4K-Auflösung auf der Series X / 1440p auf der Series S, 60 FPS (Performance-Modus)

Wenn du sicherstellst, dass dein System diese Anforderungen erfüllt oder übertrifft, kannst du vollständig in die unheimliche und wunderschön gestaltete Welt von *South of Midnight eintauchen.*

Installations- und Einrichtungsanleitung

Die Installation *von South of Midnight* ist ein unkomplizierter Prozess, aber ein paar Schritte können eine reibungslose Erfahrung mit minimalen Problemen gewährleisten. Egal, ob du auf dem PC oder der Konsole spielst, befolge diese Anleitung für einen nahtlosen Start.

Für PC (Steam/Epic Games Store):

Schritt 1: Kaufen und Herunterladen

1. **Kaufen Sie das Spiel:**

   o Kaufe *South of Midnight* auf deiner bevorzugten Plattform (Steam, Epic Games Store oder offizielle Website).

2. **Laden Sie das Spiel herunter:**

   o Navigieren Sie nach dem Kauf zu Ihrer Spielebibliothek und starten Sie den Download. Stellen Sie sicher, dass Sie über mindestens **70 GB** verfügbaren Speicherplatz verfügen.

Schritt 2: Optimieren des Installationsortes

- **SSD vs. HDD:**

   o Wenn Sie eine SSD haben, installieren Sie das Spiel dort, um schnellere Ladezeiten und eine bessere Leistung zu erzielen.

- **Überprüfung des Speicherplatzes:**

   o Stellen Sie sicher, dass keine anderen großen Downloads gleichzeitig ausgeführt werden, um langsame Installationsgeschwindigkeiten zu vermeiden.

Schritt 3: Überprüfen Sie die Spieldateien

Bevor Sie das Spiel zum ersten Mal starten, überprüfen Sie die Integrität der Spieldateien, um Abstürze oder fehlende Inhalte zu vermeiden.

- **Auf Steam:**

    1. Klicke mit der rechten Maustaste auf *"Südlich von Mitternacht"* in deiner Bibliothek.

    2. Wählen Sie **Eigenschaften > Lokale Dateien** aus, > die **Integrität der Spieldateien zu überprüfen.**

- **Im Epic Games Store:**

    1. Navigieren Sie zu dem Spiel in Ihrer Bibliothek.

    2. Klicken Sie auf das Drei-Punkte-Menü und wählen Sie **Überprüfen.**

Für Konsole (PlayStation 5 / Xbox Series X|S):

Schritt 1: Kaufen und Herunterladen

1. Gehe zum **PlayStation Store** oder **Microsoft Store.**

2. Kaufen Sie *South of Midnight* und starten Sie den Download.

3. Stellen Sie sicher, dass Sie über genügend Speicherplatz verfügen, da Konsolen mindestens **70 GB** freien Speicherplatz benötigen.

Schritt 2: Aktualisieren Sie das Spiel

Konsolen laden Patches automatisch herunter, aber es ist immer gut, dies noch einmal zu überprüfen.

- Gehen Sie auf Ihrem Dashboard zum Spiel, drücken Sie **Optionen** und wählen Sie **Nach Updates suchen**.

Schritt 3: Spieleinstellungen anpassen (Leistungs- vs. Qualitätsmodus)

Konsolenspieler können oft zwischen **dem Performance-Modus** (höhere Bildraten) und **dem Qualitätsmodus** (bessere Grafik) wählen.

- **Leistungsmodus:** 60 FPS, ideal für rasantes Gameplay.

- **Qualitätsmodus:** 30 FPS mit Raytracing und verbesserter Grafik.

Zusätzliche Tipps für eine reibungslose Einrichtung

1. Deaktivieren Sie Hintergrund-Apps (PC)

- Schließen Sie Apps wie Discord, Chrome und andere Hintergrundprozesse, um Systemressourcen freizugeben.

2. Aktualisieren Sie Ihre Treiber (PC)

- Stellen Sie sicher, dass Ihre GPU-Treiber auf dem neuesten Stand sind.

  - **NVIDIA:** Laden Sie die neuesten Treiber über **GeForce Experience herunter**.

  - **AMD:** Update über **AMD Radeon Software**.

3. Aktivieren Sie Cloud-Speicherstände

- Aktivieren Sie Cloud-Speicherstände auf Steam/Epic Games oder Konsolen, um zu vermeiden, dass der Fortschritt verloren geht.

4. Suchen Sie nach Day-One-Patches

- Viele moderne Spiele erhalten wichtige Updates vom ersten Tag an. Installieren Sie immer die neuesten Patches, bevor Sie das Spiel starten.

Wenn du diese Schritte befolgst, kannst du die meisten technischen Probleme vermeiden und deine Reise durch die unheimliche, atmosphärische Welt von *South of Midnight* ohne Unterbrechung beginnen. Lass das gespenstische Abenteuer beginnen!

Erstmalige Konfiguration und Einstellungen

Nach *der Installation von South of Midnight* ist es entscheidend, Ihre Einstellungen für das beste Erlebnis zu optimieren. Egal, ob du Leistung, Immersion oder Zugänglichkeit priorisierst, die richtige Konfiguration des Spiels wird deine Reise durch seine unheimliche Welt verbessern.

Ersteinrichtung

1. Das Spiel zum ersten Mal starten

- Auf **dem PC** kannst du das Spiel über Steam, Epic Games oder die von dir gewählte Plattform öffnen.

- Wählen Sie **auf** Konsolen South of *Midnight* aus Ihrer Spielebibliothek aus.

- Wenn Sie das Spiel zum ersten Mal starten, werden Sie möglicherweise aufgefordert, zusätzliche Updates oder Patches herunterzuladen. Lassen Sie dies für das beste Erlebnis abschließen.

Grafik- und Leistungseinstellungen (PC)

Diese Einstellungen helfen dabei, Leistung und visuelle Qualität je nach den Fähigkeiten Ihres Systems auszugleichen.

Empfohlene Einstellungen basierend auf der Hardware

Einstellung	Low-End-PCs (Mindestanforderung)	Mittelklasse-PCs (Empfohlene Spezifikation)	High-End-PCs (4K & Ultra)
Auflösung	1080p (englisch)	1440 Seiten	4K
Grafik-Voreinstellung	Mittel	Hoch	Ultra
Anti-Aliasing	FXAA	TAA	DLSS/FSR (falls unterstützt)
Schatten	Niedrig	Hoch	Ultra
Textur-Qualität	Mittel	Hoch	Ultra
Raytracing	Aus	Mittel	Hoch/Ultra
V-Sync	Ein (um ein Reißen zu verhindern)	Ein (falls erforderlich)	Aus (für höhere FPS)

Für eine Leistungssteigerung:

- **Geringere Schattenqualität** – Schatten können anspruchsvoll sein; ihre Reduzierung verbessert die FPS.

- **Bewegungsunschärfe und Schärfentiefe deaktivieren** – Diese Einstellungen fügen kinoreife Effekte hinzu, können aber die Leistung beeinträchtigen.

- **DLSS (NVIDIA) oder FSR (AMD) aktivieren** – Wenn unterstützt, erhöhen diese Optionen die FPS ohne nennenswerten visuellen Verlust.

Anzeige- und Audioeinstellungen

1. Anzeigeeinstellungen (alle Plattformen)

- **Helligkeit und Kontrast:** Passen Sie die Sichtbarkeit in dunkleren Bereichen an.

- **Sichtfeld (FOV):** Falls verfügbar, können Sie diese Option auf **80-100** einstellen, um eine breitere Ansicht ohne zu starke Verzerrung zu erhalten.

- **HDR (falls unterstützt):** Aktivieren Sie HDR für sattere Farben auf kompatiblen Displays.

2. Audio-Einstellungen

- **Untertitel:** Schalten Sie diese Option ein, um die Dialoge besser zu verstehen.

- **Lautstärke:** Passen Sie **Musik, Dialoge und Soundeffekte** individuell an.

- **3D-Audio (PS5 & Xbox Series X|S):** Ermöglicht direktionalen Klang für ein verbessertes Eintauchen.

Gameplay und Steuerung

1. Anpassung der Steuerung

- Passen Sie die Tastenbelegungen an (PC) oder ordnen Sie Controller-Eingaben neu zu (Konsole).

- Die Empfindlichkeitseinstellungen für Zielen und Bewegung können je nach Vorliebe angepasst werden.

2. Schwierigkeitseinstellungen

- **Story-Modus:** Für Spieler, die sich auf Erkundung und Erzählung konzentrieren möchten.

- **Standard:** Ausgewogene Herausforderung, die für die meisten Spieler empfohlen wird.

- **Überlebender:** Härtere Feinde, weniger Ressourcenideal für erfahrene Spieler.

Einstellungen für Barrierefreiheit

South of Midnight enthält Funktionen für Spieler, die zusätzliche Unterstützung benötigen:

- **Farbenblind-Modi:** Verschiedene Filter für bessere Sichtbarkeit.

- **Text-to-Speech- und HUD-Skalierung:** Sorgt für lesbare Menüs.

- **Controller Assist (Konsole):** Hilft bei Quick-Time-Events und beim Zielen.

Wenn du diese Einstellungen vor Beginn deines Abenteuers konfigurierst, wird ein reibungsloses und angenehmes Gameplay gewährleistet, das auf deine Vorlieben und Hardware-Fähigkeiten zugeschnitten ist.

Fehlerbehebung bei häufigen Problemen

Selbst die besten Spiele können auf technische Probleme stoßen. Im Folgenden finden Sie eine Liste der häufigsten Probleme in *South of Midnight* und wie Sie sie beheben können.

1. Das Spiel wird nicht gestartet

Mögliche Ursachen und Lösungen:

✓ **PC-Benutzer:**

- Stellen Sie sicher, dass Ihr System **die Mindestanforderungen** erfüllt.

- **Überprüfen Sie die Spieldateien** über Steam/Epic (Bibliothek > klicken Sie mit der rechten Maustaste auf Spieleigenschaften >> auf Überprüfen).

- **Aktualisieren Sie die Grafiktreiber** (NVIDIA/AMD).

- **Als Administrator ausführen** (Rechtsklick-Spielsymbol > Als Administrator ausführen).

✓ Konsolen-Benutzer:

- **Starten Sie Ihre Konsole** (PS5/Xbox) neu.

- **Nach Updates suchen** (Dashboard > Optionen > Nach Updates suchen).

- **Installieren Sie das Spiel** bei Bedarf neu.

2. Niedrige FPS oder Verzögerung (PC)

Behebt:

- **Niedrigere Grafikeinstellungen** (Schatten, Texturqualität, Effekte).

- **Aktivieren Sie DLSS/FSR** für flüssigere Bildraten.

- **Deaktivieren Sie Hintergrund-Apps** (Chrome, Discord usw.).

- **Auf Überhitzung prüfen** (Stellen Sie sicher, dass die CPU/GPU-Temperaturen normal sind).

3. Audioprobleme (kein Ton, Knistern, Verzögerung)

✓ **Audioausgabe überprüfen:** Stellen Sie sicher, dass das Spiel das richtige Gerät verwendet (Einstellungen > Sound). ✓ **Deaktivieren Sie Hintergrund-Apps:** Manchmal können Discord oder andere Apps stören. ✓ **Aktualisieren Sie die Audiotreiber (PC).**

4. Das Spiel stürzt ab oder friert ein

✓ **Aktualisieren Sie Treiber und Betriebssysteme:** Stellen Sie sicher, dass Windows- und GPU-Treiber auf dem neuesten Stand sind. ✓ **Auf widersprüchliche Software prüfen:** Overlays (wie MSI Afterburner) können Abstürze verursachen. ✓ **Installieren Sie das Spiel neu** , wenn die Probleme weiterhin bestehen.

5. Controller funktioniert nicht (PC)

✓ **Schließen Sie den Controller wieder an** (Ausstecken und wieder einstecken). ✓ **Deaktivieren Sie die Steam-Eingabe (bei Verwendung von Steam)**

- Gehen Sie zur Bibliothek > Klicken Sie mit der rechten Maustaste auf Spieleigenschaften >> Controller > deaktivieren Sie die Steam-Eingabe. ✓ **Suchen Sie nach Firmware-Updates** für Ihren Controller.

6. Multiplayer- oder Online-Probleme (falls zutreffend)

✓ **Überprüfen Sie den Serverstatus** auf der offiziellen Website oder in den sozialen Medien. ✓ **Starten Sie Router & Konsole/PC**

neu , um die Verbindung zu aktualisieren. ✓ **Verwenden Sie eine kabelgebundene Verbindung** für ein stabileres Gameplay.

Wenn du diese Schritte zur Fehlerbehebung befolgst, können die meisten Probleme schnell behoben werden, um ein reibungsloses Erlebnis in der dunklen und mysteriösen Welt von *South of Midnight zu gewährleisten*. Wenn die Probleme weiterhin bestehen, können Sie in offiziellen Foren oder im Kundensupport zusätzliche Lösungen finden.

Jetzt, da dein Spiel konfiguriert ist und reibungslos läuft, ist es an der Zeit, dein Abenteuer zu beginnen!

KAPITEL 3: GAMEPLAY-MECHANIK

Zentrale Steuerelemente und Navigation der Benutzeroberfläche

Die Beherrschung der Steuerung und das Verständnis der Benutzeroberfläche sind entscheidend für das Überleben in der unheimlichen und unberechenbaren Welt von *South of Midnight*. Egal, ob du die düsteren Bayous erkundest, dich in Kämpfe mit schattenhaften Kreaturen stürzt oder dein Inventar verwaltest, eine flüssige Navigation kann über dein Spielerlebnis entscheiden. Dieser Abschnitt führt Sie durch die wichtigsten Steuerelemente und das Layout der Benutzeroberfläche, um sicherzustellen, dass Sie der Dunkelheit immer einen Schritt voraus sind.

Grundlegende Bewegung und Interaktion

1. Bewegungssteuerung (PC/Konsole)

- **Bewegen:**

    o **PC: W-, A-, S-**, D-Tasten

    o **Konsole: Linker Joystick**

- **Sprint:**

  - PC: **Umschalttaste** (Halten)

  - **Konsole: L3** (linken Joystick drücken)

- **Springen/Klettern:**

  - PC: **Leertaste**

  - **Konsole: X (PlayStation) / A (Xbox)**

- **Ducken/Stealth-Modus:**

  - PC: **Strg** (gedrückt halten)

  - **Konsole: Circle (PS) / B (Xbox)**

2. Interaktion und Erkundung

- **Interagieren mit Objekten:**

  - PC: **E**

  - **Konsole: Quadrat (PS) / X (Xbox)**

- **Inspiziere Lore-Gegenstände:**

  - Untersuche Artefakte und Hinweise auf die Umgebung, um die reichhaltige Hintergrundgeschichte des Spiels aufzudecken.

- **Beute aufheben:**

  - Automatisch, wenn Sie über kleinere Gegenstände gehen; Handbuch für Waffen und größere Objekte.

3. Inventarisierung und Menüführung

- **Inventar öffnen:**

  - **PC: Registerkarte**

  - **Konsole: Touchpad (PS) / View-Taste (Xbox)**

- **Navigieren in Menüs:**

  - **PC:** Maus oder Pfeiltasten

  - **Konsole:** D-Pad oder linker Joystick

- **Ausrüstungsgegenstände:**

    o Markieren Sie das Element und drücken Sie die **Eingabetaste (PC)** oder **X (PS) / A (Xbox).**

- **Schnelle Spielautomaten:**

    o Ordne Waffen und Verbrauchsgegenstände Schnellplätzen zu, um während des Kampfes schneller darauf zugreifen zu können.

4. HUD (Heads-Up Display) Übersicht

Das HUD in *South of Midnight* ist minimalistisch, bietet aber wichtige Informationen:

- **Gesundheitsleiste:** Oben links wird deine aktuelle Gesundheit angezeigt.

- **Ausdauerleiste:** Direkt unter dem Lebensentzug bei Sprints und schweren Angriffen.

- **Minikarte:** Unten rechts zeigt Sehenswürdigkeiten und Gegnerstandorte in der Nähe.

- **Quest Tracker:** Oben rechts werden die aktuellen Ziele angezeigt.

- **Ressourcenzähler:** Unten links werden Munition, Handwerksmaterialien und Währung angezeigt.

5. Karte und Schnellreise

- **Anfahrtsplan:**

  - **PC: M**

  - **Konsole: Optionen/Start-Taste**

- **Schnellreise-Punkte:**

  - Entdeckte Unterschlupfe oder Sehenswürdigkeiten können verwendet werden, um schnell über die Karte zu reisen.

- **Wegpunkte:**

  - Legen Sie benutzerdefinierte Wegpunkte fest, um Points of Interest zu markieren.

Beherrschung der Schnittstelle

Um South of Midnight *effizient zu navigieren*, müssen Sie Erkundung, Bestandsverwaltung und schnelle Entscheidungsfindung in Einklang bringen. Verbringen Sie Zeit damit, sich mit der Benutzeroberfläche vertraut zu machen, damit Sie sich auf die spannende Handlung des Spiels konzentrieren können, ohne sich in Menüs zu verzetteln.

Kampfsystem und -techniken

In *South of Midnight* ist der Kampf mehr als nur rohe Gewalt; es ist ein Tanz aus Strategie, Timing und Ressourcenmanagement. Bei einer Vielzahl von Waffen, Fähigkeiten und Gegnertypen ist es wichtig, die Feinheiten des Kampfes zu verstehen, um zu überleben. Lassen Sie uns die Kampfmechaniken aufschlüsseln und einige wichtige Techniken vorstellen, um das Schlachtfeld zu dominieren.

1. Grundlegende Kampfmechaniken

Leichte und schwere Angriffe:

- **Leichte Angriffe:**

    - **PC: Linke Maustaste**

    - **Konsole: R1 (PS) / RB (Xbox)**

    - Schnell, aber weniger Schaden verursachend, ideal für schnelle, wendige Gegner.

- **Schwere Angriffe:**

    - **PC: Rechte Maustaste gedrückt halten**

    - **Konsole: R2 (PS) / RT (Xbox)**

    - **Langsamer, kraftvoller, ideal zum Taumeln größerer Gegner.**

Ausweichen und Blocken:

- **Ausweichrolle:**

  - **PC: Leertaste + Richtungstaste**

  - **Konsole: Circle (PS) / B (Xbox)**

  - Perfekt, um schweren Angriffen oder Projektilen auszuweichen.

- **Blocken/Parieren:**

  - **PC: Q**

  - **Konsole: L1 (PS) / LB (Xbox)**

  - Blocken reduziert den Schaden; Wenn du zur richtigen Zeit parierst, taumeln die Feinde.

2. Waffen und Spezialfähigkeiten

Waffenkategorien:

- **Nahkampfwaffen:**

  - **Macheten und Keulen Am** besten für den Nahkampf.

- o **Schwere Hämmer** Verursacht hohen Schaden, verlangsamt aber die Schwunggeschwindigkeit.

- **Fernkampfwaffen:**

  - o **Revolver und Schrotflinten** Ideal für den Kampf auf mittlere Distanz.

  - o **Bögen und Armbrüste** Lautlos, aber tödlich; perfekt für Stealth-Kills.

- **Magische Fähigkeiten (falls zutreffend):**

  - o Spezialfähigkeiten, die mit der Geschichte des Spiels verbunden sind. Diese können Ausdauer oder andere Ressourcen verbrauchen.

3. Kampftechniken zum Überleben

1. Kombos und Kettenangriffe

- Die Kombination von leichten und schweren Angriffen führt zu verheerenden Kombos.

- **Tipp:** Beginne mit leichten Angriffen, um Gegner ins Taumeln zu bringen, und schließe dann mit einem schweren Schlag ab.

2. Perfektes Ausweichen und Kontern

- Das Ausweichen in letzter Sekunde verlangsamt die Zeit kurzzeitig und ermöglicht Konterangriffe.

- **Tipp:** Üben Sie das Timing, um feindliche Schwachstellen auszunutzen.

3. Kampf um die Umwelt

- Nutze die Umgebung zu deinem Vorteil, führe Feinde in Fallen oder setze explosive Fässer ein.

- **Tipp:** Locke härtere Gegner in die Nähe von Vorsprüngen oder explosiven Objekten, um sie leicht zu töten.

4. Ressourcenmanagement

- Verschwende keine Munition für schwache Feinde; Hebe es dir für Bosse oder gepanzerte Feinde auf.

- **Tipp:** Verwende Nahkampfwaffen, um Munition für härtere Kämpfe zu sparen.

4. Gegnertypen und -strategien

1. Grunzen:

- Schwach, aber in Gruppen angreifend.

- **Strategie:** Setze Flächenangriffe oder Nahkampfwaffen ein.

2. Gepanzerte Feinde:

- Resistent gegen leichte Angriffe.

- **Strategie:** Setze schwere Angriffe oder panzerbrechende Waffen ein.

3. Fernkampfgegner:

- Greife aus der Ferne an.

- **Strategie:** Priorisieren Sie sie zuerst oder gehen Sie in Deckung.

4. Boss-Kreaturen:

- Einzigartige Fähigkeiten und große Gesundheitsvorräte.

- **Strategie:** Lerne Angriffsmuster, weiche häufig aus und ziele auf Schwachstellen ab.

Profi-Tipps zur Beherrschung des Kampfes

1. **Lernen Sie feindliche Angriffsmuster:**

   o   Jeder Feind hat einen "Tell", bevor er angreift, und das zu lernen, hilft bei perfekten Ausweichmanövern.

2. **Verwenden Sie Ihre Umgebung:**

   o   Achte auf Umweltgefahren, Feuerstellen, Fallen und zerstörbare Objekte.

3. **Rüsten Sie mit Bedacht auf:**

   o   Konzentriere dich frühzeitig auf Ausdauer und Waffenhaltbarkeit, um nicht überwältigt zu werden.

4. **Horten Sie keine Ressourcen:**

   o   Es ist besser, deine Heiltränke zu verwenden, als mit vollem Inventar zu sterben.

Die Beherrschung der Kernsteuerung und des Kampfsystems verschafft dir den Vorteil, den du brauchst, um die albtraumhaften Herausforderungen zu überleben, die *South of* Midnight dir in den Weg stellt. Egal, ob du ein vorsichtiger Entdecker oder ein aggressiver Kämpfer bist, die Anpassung deines Spielstils an jede Begegnung ist der Schlüssel zum Erfolg in dieser gespenstischen Welt.

Erkundung, Interaktion und Bewegung

Die Erkundung ist das Herzstück von *South of Midnight*, einer dunklen, gespenstischen Welt voller Geheimnisse, verborgener Schätze und Umgebungsgeschichten, die die unheimliche Kulisse zum Leben erweckt. Vom Navigieren in den verdrehten Bayous bis hin zur Interaktion mit übernatürlichen Wesen – das Verständnis der Nuancen von Bewegung und Interaktion kann die zwanglose Erkundung in ein lohnendes und immersives Erlebnis verwandeln.

1. Durch die Welt navigieren

Mechanik des Uhrwerks:

- **Gehen und Sprinten:**

    - Wenn du gehst, kannst du die Atmosphäre absorbieren und vermeiden, Feinde in der Nähe zu alarmieren.

    - Sprinten hilft dir, schnell Boden zurückzulegen, zehrt aber an Ausdauer.

- **Springen und Klettern:**

    - Einige Bereiche erfordern präzises Plattforming, um Zugang zu versteckten Zonen zu erhalten.

    - Halten Sie Ausschau nach kletterbaren Vorsprüngen, die durch subtile Umgebungshinweise wie Kratzer oder Lianen gekennzeichnet sind.

- **Hocken und Stealth-Bewegungen:**

  - Die Hocke reduziert den Lärm und die Sicht, ideal, um größeren oder aggressiveren Kreaturen auszuweichen.

2. Wechselwirkung mit der Umwelt

Plündern und Sammeln:

- **Collectibles:**

  - Verstreute Tagebücher, Briefe und Relikte geben Einblicke in die Geschichte und den Aufbau der Welt.

- **Betriebsmittel:**

  - Munition, Handwerksmaterialien und Gesundheitsgegenstände finden Sie in Kisten, Fässern und feindlichen Drops.

- **Gesperrte Bereiche:**

  - Einige Türen erfordern Schlüssel oder das Lösen von Rätseln, um sie zu öffnen, übersehen Sie nicht die Hinweise, die in der Umgebung versteckt sind.

Kontextuelle Interaktion:

- **Dialogoptionen:**

  - Gespräche mit NPCs können Entscheidungen bieten, die sich auf Quests oder Allianzen auswirken.
- **Gefahren für die Umwelt:**

  - Sümpfe, Treibsand oder elektrifizierte Oberflächen können Ihnen etwas anhaben.

  - **Tipp:** Setze diese Gefahren nach Möglichkeit gegen Feinde ein.

3. Erkundungs-Belohnungen

Versteckte Bereiche:

- Geheime Räume oder Höhlen beherbergen oft mächtige Waffen, einzigartige Ausrüstung oder Überlieferungsstücke.

- **Tipp:** Achten Sie auf Orte abseits der ausgetretenen Pfade. Wenn es fehl am Platz aussieht, lohnt es sich, es zu erkunden.

Nebenquests und zufällige Ereignisse:

- Die Welt ist voller zufälliger Begegnungen, die einem gestrandeten NPC helfen können, seltene Gegenstände oder zukünftige Verbündete zu finden.

- Nebenquests bieten oft wertvolle Erfahrungspunkte (XP) und Ressourcen.

Kartenmarkierungen und Schnellreise:

- Schalte Schnellreisepunkte frei, indem du Sehenswürdigkeiten oder sichere Häuser entdeckst.

- Benutzerdefinierte Wegpunkte ermöglichen es Ihnen, Points of Interest für eine spätere Erkundung zu markieren.

4. Parkour- und Fortbewegungstechniken

Klettern und Voltigieren:

- Springe über Dächer oder springe über Hindernisse, um Feinden zu entkommen oder Aussichtspunkte zu erreichen.

- Die Parkour-Mechanik ist flüssig und belohnt Spieler, die mit Vertikalität experimentieren.

Seilrutschen und Enterhaken (falls zutreffend):

- In einigen Bereichen gibt es möglicherweise schnellere Durchquerungswerkzeuge wie Seilrutschen.

- Diese führen oft zu hochstufiger Beute oder strategischen Kampfpositionen.

Die Beherrschung der Erkundung stellt sicher, dass du nie eine versteckte Truhe, eine geheime Quest oder eine Hintergrundkunde verpasst, was dein Gesamterlebnis in *South of Midnight bereichert.*

Spielmodi und Fortschrittssystem

Um die Spieler bei der Stange zu halten, *bietet South of Midnight* mehrere Spielmodi und ein robustes Fortschrittssystem, das Erkundung, Kampfbeherrschung und strategisches Denken belohnt. Wenn du diese Systeme verstehst, kannst du das Spielerlebnis an deinen Spielstil anpassen und gleichzeitig ein stetiges Wachstum an Kraft und Fähigkeiten erzielen.

1. Spielmodi

Kampagnen-Modus:

- Der Kern-Story-Modus, in dem du der Haupterzählung folgst, Quests abschließt und die Welt erkundest.

- Schwierigkeitsgrade:

  - **Casual:** Für Spieler, die sich auf Story und Erkundung konzentrieren.

  - **Standard:** Ausgewogen für Herausforderung und Immersion.

  - **Nightmare:** Für Hardcore-Spieler, die brutale Kämpfe und begrenzte Ressourcen suchen.

Überlebensmodus (falls zutreffend):

- Konzentriert sich auf Ausdauer: Wie lange kannst du gegen Wellen von immer schwieriger werdenden Feinden überleben?

- Begrenzte Ressourcen und Permadeath können anfallen.

- Belohnungen: Einzigartige kosmetische Gegenstände oder Ranglisten-Platzierungen.

Multiplayer-/Koop-Modus (falls zutreffend):

- Verbünde dich mit Freunden oder matche dich mit Online-Spielern, um Quests und Bosse zu meistern.

- Geteilte Beute oder individuelle Beutesysteme, je nach Einstellungen.

- Der Koop-Modus kann einzigartige Missionen bieten, die im Einzelspielermodus nicht verfügbar sind.

Herausforderungsmodus (zeitlich begrenzt oder besondere Events):

- Periodische Ereignisse im Spiel mit besonderen Bedingungen (z. B. keine Heilgegenstände, Zeitlimits).

- Wenn du diese mit hohem Risiko und hoher Belohnung abschließt, kannst du seltene Ausrüstung oder exklusive kosmetische Gegenstände erhalten.

2. Fortschrittssystem

Der Fortschritt in *South of Midnight* basiert auf einem mehrschichtigen System aus EP, Fertigkeitsbäumen und Ausrüstungs-Upgrades.

1. Erfahrungspunkte (XP) und Levelaufstieg

- Verdiene XP, indem du Quests abschließt, Feinde besiegst und Geheimnisse entdeckst.

- Ein Stufenaufstieg erhöht die Kernwerte wie:

  o **Gesundheit:** Erhöht die Überlebensfähigkeit.

  o **Ausdauer:** Verlängert den Einsatz von Sprints, Klettern und schweren Angriffen.

  o **Fokus:** Erhöht die Chance auf kritische Treffer oder Magie (falls zutreffend).

2. Skill-Bäume

- Unterteilt in mehrere Zweige wie **Kampf, Überleben und Erkundung**.

- Jedes Level gewährt einen **Skill-Punkt**, der zum Freischalten oder Verbessern von Fähigkeiten verwendet werden kann.

Beispiele für Skill-Baum-Kategorien:

- **Kampf:** Erhöht den Nahkampfschaden, die Angriffsgeschwindigkeit oder die Waffenhaltbarkeit.

- **Überleben:** Steigert die Gesundheitsregeneration, die Ausdauerregeneration oder die Herstellungseffizienz.

- **Erkundung:** Schaltet eine bessere Beuteerkennung, schnelleres Durchqueren oder zusätzliche Dialogoptionen frei.

3. Ausrüstungs-Upgrades und Crafting

Herstellungssystem:

- Sammle Ressourcen, um Waffen, Rüstungen und Verbrauchsgegenstände herzustellen.

- **Workbench-Standorte:** Zu finden in sicheren Häusern oder Schlüsselorten.

Upgrade-Pfade:

- **Waffen:** Verbessert Schaden, Reichweite und Haltbarkeit.

- **Rüstung:** Verbessert die Verteidigung und Elementarresistenzen.

- **Verbrauchsmaterialien:** Stelle mächtige Heilgegenstände oder temporäre Buffs her.

4. Ruf und Fraktionsfortschritt (falls zutreffend)

- Wenn du bestimmten Fraktionen oder NPCs hilfst, erhöht sich dein Ruf und du schaltest besondere Belohnungen frei.

- Die Loyalität der Fraktionen könnte sich auch darauf auswirken, wie sich die Geschichte entwickelt.

5. Saisonale oder Endgame-Inhalte (falls zutreffend)

- Endgame-Herausforderungen oder saisonale Events können Folgendes bieten:

    o **Exklusive Beute**

    o **Zeitlich begrenzte Quests**

    o **Ranglisten-Wettbewerbe**

Profi-Tipps für einen effizienten Fortschritt:

1. **Balanciere Hauptquests mit Nebenquests aus:**

   o Nebenquests gewähren oft erhebliche EP und Ausrüstung.

2. **Strategisches Upgraden:**

   o Konzentriere dich frühzeitig auf Ausdauer und Ressourcenkapazität.

3. **Experimentieren Sie mit Builds:**

   o Unterschiedliche Fertigkeitsbäume sind auf unterschiedliche Spielstile abgestimmt, habt keine Angst davor, euch neu zu spezialisieren.

4. **Nehmen Sie an Veranstaltungen teil:**

   o Besondere Events bieten einzigartige Ausrüstung, die anderswo nicht erhältlich ist.

Durch die Beherrschung der Spielmodi und das Verständnis des Fortschrittssystems können die Spieler *South of Midnight* auf eine Weise erleben, die sich sowohl lohnend als auch persönlich anfühlt. Egal, ob du ein Gelegenheits-Entdecker oder ein kompetitiver Überlebender bist, es gibt immer etwas Neues zu entdecken.

KAPITEL 4: CHARAKTERKLASSEN UND FÄHIGKEITEN

Spielbare Charakterrollen und Stärken

In *South of Midnight* haben die Spieler die Möglichkeit, unterschiedliche Charakterrollen zu verkörpern, jeder mit einzigartigen Stärken, Spielstilen und Fähigkeiten, die auf verschiedene Kampf- und Erkundungsszenarien zugeschnitten sind. Egal, ob du rohe Gewalt, strategisches Schleichen oder mystische Kräfte bevorzugst, das Verständnis der Stärken jeder Rolle kann dir helfen, das Schlachtfeld zu dominieren und dich an die herausfordernden Umgebungen des Spiels anzupassen.

1. Der Brawler – Stärke auf engstem Raum

Für diejenigen, die es lieben, hautnah zu sein, ist der Brawler das Kraftpaket des Spiels. Mit hohen Lebenspunkten, schwerer Rüstung und verheerenden Nahkampfangriffen gedeiht diese Rolle im Nahkampf.

Stärken:

- **Hohe Haltbarkeit:** Kann Schläge einstecken und weiterkämpfen.

- **Mächtige Nahkampfangriffe:** Verursacht massiven Schaden mit Hämmern, Keulen oder Fäusten.

- **Rückstoßfähigkeiten:** Ideal für die Massenkontrolle gegen Gruppen von Feinden.

Schwächen:

- **Eingeschränkte Mobilität:** Langsamere Bewegung und Ausweichgeschwindigkeit.

- **Anfällig für Fernkampfangriffe:** Kann von Scharfschützen oder Magieanwendern überwältigt werden.

Am besten geeignet für:

- Spieler, die Spaß daran haben, Schaden zu tanken und Feinde zu überwältigen.

- Ideal für Bosskämpfe, bei denen anhaltender Schaden unerlässlich ist.

2. Der Ranger – Präzision und Vielseitigkeit

Der Waldläufer zeichnet sich durch den Fernkampf aus und setzt Bögen, Armbrüste und Schusswaffen ein, um Feinde auszuschalten, bevor sie zu nahe kommen. Mit mäßiger Gesundheit, aber hoher Beweglichkeit ist diese Rolle perfekt für Spieler, die Hit-and-Run-Taktiken bevorzugen.

Stärken:

- **Präzision auf große Entfernung:** Verursacht kritischen Schaden aus der Ferne.

- **Agilität und Geschwindigkeit:** Schnelle Bewegungen ermöglichen eine einfache Neupositionierung.

- **Stealth-Fähigkeiten:** Kann Feinde lautlos ausschalten, ohne andere zu alarmieren.

Schwächen:

- **Niedrige Gesundheit:** Anfällig für schwere Angriffe.

- **Ressourcenabhängig:** Erfordert einen stetigen Vorrat an Munition oder Pfeilen.

Am besten geeignet für:

- Spieler, die gerne scharf schießen oder direkte Konfrontationen vermeiden.

- Ideal für die Erkundung von Gebieten mit hoher Gegnerdichte.

3. Der Mystiker – Beherrschung übernatürlicher Kräfte

Der Mystiker verfügt über übernatürliche Fähigkeiten, die mit der reichhaltigen Geschichte des Spiels verbunden sind. Durch die Kanalisierung von Magie oder spiritueller Energie zeichnet sich diese Rolle durch Massenkontrolle, Buffs und Elementarangriffe aus.

Stärken:

- **Vielseitige Fähigkeiten:** Kann heilen, Schilde führen oder Elementarschaden verursachen.

- **Flächenangriffe (AoE):** Ideal für die Verwaltung von Gegnergruppen.

- **Schwächungszauber und Statuseffekte:** Schwächung von Gegnern oder Verlangsamung ihrer Bewegungen.

Schwächen:

- **Mana-/Ausdauerabhängig:** Erfordert Ressourcenmanagement.

- **Zerbrechliche Gesundheit:** Kann leicht überwältigt werden, wenn sie umzingelt ist.

Am besten geeignet für:

- Spieler, die eine unterstützende Rolle oder taktische Kämpfe genießen.

- Perfekt für Koop-Gameplay oder Begegnungen mit vielen Menschenmengen.

4. Der Schurke – Tarnung und Ausweichmanöver

Der Schurke ist der Stealth-Spezialist des Spiels, bei dem Geschwindigkeit, Beweglichkeit und kritische Treffer im Vordergrund stehen. Mit minimaler Panzerung, aber unübertroffener Ausweichfähigkeit, eignet sich diese Rolle hervorragend darin, feindliche Lager zu infiltrieren und unversehrt zu entkommen.

Stärken:

- **Hohes Ausweichen:** Schwer zu treffen aufgrund der überlegenen Ausweichmechanik.

- **Kritischer Schaden:** Verursacht zusätzlichen Schaden, wenn du aus der Tarnung angreifst.

- **Fallennutzung:** Kann Fallen aufstellen oder die Umgebung gegen Feinde nutzen.

Schwächen:

- **Niedrige Verteidigung:** Verwundbar, wenn man im Freien gefangen wird.

- **Erfordert Geduld:** Nicht ideal für aggressive Spielstile.

Am besten geeignet für:

- Spieler, die Stealth, Sabotage und Präzisionskills mögen.

- Ideal zum Erforschen und Aufdecken von Geheimnissen.

Die Wahl der richtigen Rolle für Sie

Keine einzelne Rolle ist die "beste", jede ist für unterschiedliche Spielstile geeignet. Egal, ob du als Brawler Tankschaden anrichtest oder als Waldläufer Gegner ausschaltest, wenn du deine Stärken kennst und dich an die Umgebung anpasst, wird *South of Midnight* zu einem unvergesslichen Erlebnis.

Freischalten und Verbessern von Fähigkeiten

Auf deiner Reise durch *South of Midnight* hängt der Fortschritt deines Charakters davon ab, Fähigkeiten freizuschalten und zu verbessern, die den Kampf, die Erkundung und das Überleben verbessern. Egal, ob es darum geht, deine Nahkampfkraft zu verbessern, Stealth-Fähigkeiten zu verfeinern oder übernatürliche Kräfte zu meistern, das Upgrade-System ermöglicht es den Spielern, ihren Charakter an ihren bevorzugten Spielstil anzupassen.

1. Wie man Fähigkeiten freischaltet

System der Erfahrungspunkte (XP):

- Verdiene EP, indem du Hauptquests und Nebenmissionen abschließt, Feinde besiegst und Gegenstände aus der Geschichte entdeckst.

- Jede aufgestiegene Stufe gewährt **Fertigkeitspunkte**, die in neue Fähigkeiten investiert werden können.

Questspezifische Belohnungen:

- Bestimmte mächtige Fähigkeiten sind hinter großen Story-Missionen oder Nebenquests verborgen.

- Spezielle NPCs können einzigartige Fähigkeiten anbieten, die über den Standard-Fertigkeitsbaum nicht verfügbar sind.

Sammlerstücke und Relikte:

- Seltene Artefakte, die in versteckten Bereichen gefunden werden, können passive Fähigkeiten oder Buffs freischalten.

- **Tipp:** Erkunde jede Ecke, diese Gegenstände können dir einen Vorteil im Kampf verschaffen.

2. Skill-Bäume und Spezialisierungen

Der Fertigkeitsbaum in *South of Midnight* ist in Kategorien unterteilt, sodass du dich auf bestimmte Aspekte des Gameplays konzentrieren kannst.

1. Kampffähigkeiten:

- **Stärkeschub:** Erhöht den Nahkampfschaden und die Angriffsgeschwindigkeit.

- **Waffenmeisterschaft:** Verbessert die Handhabung und Nachladegeschwindigkeit von Fernkampfwaffen.

- **Ausdauerwelle:** Verlängert die Ausdauerdauer für Ausweichen und Sprinten.

2. Überlebens- und Nützlichkeitsfähigkeiten:

- **Lebensregeneration:** Stellt außerhalb des Kampfes allmählich Gesundheit über Zeit wieder her.

- **Ressourceneffizienz:** Reduziert die für die Herstellung benötigten Materialien.

- **Stealth-Expertise:** Erhöht die Geschwindigkeit in der Hocke und reduziert Geräusche beim Bewegen.

3. Mystische Fähigkeiten (falls zutreffend):

- **Elementarangriffe:** Feuer-, Eis- oder Schockschaden, um Gegner ins Taumeln zu bringen.

- **Heilung und Schilde:** Erschaffe Schutzbarrieren oder heile Verbündete.

- **Massenkontrolle:** Verlangsame oder lähme Gruppen von Feinden, um den Kampf zu erleichtern.

3. System aktualisieren – So funktioniert's

Fertigkeitspunkte:

- Verdient durch Aufleveln oder durch das Abschließen bestimmter Erfolge.

- Jedes Upgrade erhöht die Leistung, den Wirkungsgrad oder die Dauer.

Fähigkeitsstufen:

- **Stufe 1:** Grundfähigkeiten mit minimalem Ressourcenverbrauch.

- **Stufe 2:** Fügt Sekundäreffekte wie Verbrennung oder Betäubung hinzu.

- **Stufe 3:** Maximale Kraft mit reduzierten Abklingzeiten oder erhöhter Reichweite.

4. Herstellen und Verbessern von Fähigkeiten

Anforderungen an die Ressourcen:

- Upgrades können bestimmte Ressourcen erfordern, die in der Spielwelt zu finden sind.

- Beispiel: **Knochensplitter** für Nahkampf-Upgrades oder **Ätherkristalle** für mystische Kräfte.

Crafting-Stationen:

- Besuche Handwerksbänke oder NPCs, die sich auf Verbesserungen spezialisiert haben.

- Aufwertungsmaterialien können von besiegten Feinden gesammelt oder bei Händlern gekauft werden.

5. Tipps für einen effizienten Fortschritt:

1. **Balance zwischen Angriff und Verteidigung:**

   o Priorisiere die Überlebensfähigkeit in frühen Levels, da ein toter Charakter keinen Schaden anrichten kann.

2. **Experimentieren Sie mit Builds:**

   o Zögere nicht, Fertigkeitspunkte neu zu spezialisieren, wenn ein Build nicht zu deinem Spielstil passt.

3. **Investiere in passive Fähigkeiten:**

   o Upgrades, die Ausdauer, Gesundheit oder das Sammeln von Ressourcen verbessern, zahlen sich langfristig aus.

4. **Behalte die Abklingzeiten im Auge:**

   o Fähigkeiten mit kürzeren Abklingzeiten sorgen oft für eine bessere anhaltende Leistung.

Beim Freischalten und Verbessern von Fähigkeiten geht es um mehr als nur rohe Kraft; es geht darum, sich an Herausforderungen anzupassen und mit verschiedenen Builds zu experimentieren, um herauszufinden, was am besten funktioniert. Egal, ob ihr ein defensiver Tank oder ein agiler Schurke seid, South *of Midnight* bietet eine Fülle von Anpassungsmöglichkeiten, um jeden Spieldurchgang frisch und lohnend zu halten.

Die besten Builds für verschiedene Spielstile

In *South of Midnight* ist Vielseitigkeit der Schlüssel. Egal, ob du es vorziehst, Feinde mit roher Gewalt zu überwältigen, aus dem Schatten zuzuschlagen oder übernatürliche Kräfte einzusetzen, die Herstellung des richtigen Builds kann dein Spielerlebnis verbessern. In diesem Abschnitt geht es um optimierte Builds, die auf verschiedene Spielstile zugeschnitten sind und den Spielern helfen, ihre Stärken zu maximieren und gleichzeitig Schwächen zu minimieren.

1. Der Juggernaut – Panzer-Build

Für Spieler, die es lieben, sich mit Feinden zu messen, legt dieser Build den Schwerpunkt auf Überlebensfähigkeit und rohe Kraft. Mit hohen Lebenspunkten, Schadensresistenz und Rückstoßfähigkeiten blüht der Juggernaut in chaotischen Kämpfen auf.

Schlüsselqualifikationen:

- **Unzerstörbare Rüstung:** Verringert den erlittenen Schaden um 30 %.

- **Ausdauerwelle:** Erhöht die Ausdauerregeneration bei anhaltenden schweren Angriffen.

- **Bodenstampfer:** Flächenangriff, der Gegner in der Umgebung zurückstößt.

Empfohlene Ausrüstung:

- **Waffen:** Schwere Hämmer oder Keulen mit Staffeleffekten.

- **Rüstung:** Priorisiert die Lebensregeneration und die Schadensreduzierung.

- **Verbrauchsmaterialien:** Heiltränke und Schildboosts.

Am besten geeignet für:

- Kämpfe gegen Bosse oder große Gruppen von Feinden.

- Spieler, die Haltbarkeit über Geschwindigkeit stellen.

2. Das Phantom – Stealth Assassin Build

Der Phantom ist ideal für Spieler, die Agilität und Präzision bevorzugen. Durch den Schwerpunkt auf Tarnung, kritischen Treffern und dem Einsatz von Fallen ist dieser Build perfekt, um Feinde auszuschalten, bevor sie merken, dass du da bist.

Schlüsselqualifikationen:

- **Lautlose Schritte:** Erhöht die Bewegungsgeschwindigkeit der Tarnung um 20 %.

- **Berührung des Assassinen:** Kritische Treffer aus der Tarnung verursachen doppelten Schaden.

- **Schattenschleier:** Vorübergehende Unsichtbarkeit für schnelle Fluchten.

Empfohlene Ausrüstung:

- **Waffen:** Doppeldolche oder schallgedämpfte Fernkampfwaffen.

- **Rüstung:** Leichte Rüstung mit Geräuschreduzierung und Ausweichboni.

- **Verbrauchsmaterialien:** Rauchbomben und Ausdauer-Boosts.

Am besten geeignet für:

- Infiltrieren feindlicher Lager und Ermordung von Zielen mit hoher Priorität.

- Spieler, die methodisches, strategisches Gameplay mögen.

3. Der arkane Wächter – Magie- und Massenkontroll-Build

Für diejenigen, die sich zu übernatürlichen Kräften hingezogen fühlen, konzentriert sich dieser Build auf Zauber, Buffs und AoE-Angriffe. Mit einer hohen Mana- und Abklingzeitverringerung beherrscht der Arkanwächter das Schlachtfeld hervorragend.

Schlüsselqualifikationen:

- **Ätherische Woge:** Fügt mehreren Gegnern Elementarschaden (Feuer, Eis oder Schock) zu.

- **Arkaner Schild:** Absorbiert Schaden und reflektiert einen Teil zurück an Angreifer.

- **Bindende Wurzeln:** Hält Feinde an Ort und Stelle fest und macht sie verwundbar.

Empfohlene Ausrüstung:

- **Waffen:** Stäbe oder verzauberte Klingen mit Elementarschaden.

- **Rüstung:** Roben oder leichte Rüstungen mit Manaregeneration.

- **Verbrauchsmaterialien:** Manatränke und Abklingzeitverringerer.

Am besten geeignet für:

- Massenkontrolle und Teamunterstützung im Koop-Spiel.

- Spieler, die Spaß am strategischen Zaubern haben.

4. Der Revolverheld – Fernkampf-DPS-Build

Bei diesem Build stehen Fernkampfwaffen, kritische Treffer und Schnellfeuer im Vordergrund. Der Revolverheld zeichnet sich dadurch aus, dass er Feinde aus der Ferne ausschaltet, seine Beweglichkeit beibehält und gleichzeitig konstanten Schaden verursacht.

Schlüsselqualifikationen:

- **Quick Draw:** Erhöht die Nachladegeschwindigkeit und die Feuerrate der Waffe.

- **Deadeye:** Kritische Treffer stellen eine kleine Menge an Gesundheit wieder her.

- **Querschläger-Schuss:** Kugeln prallen zwischen Gegnern in der Nähe hindurch.

Empfohlene Ausrüstung:

- **Waffen:** Pistolen oder Gewehre mit hohen kritischen Trefferchancen.

- **Rüstung:** Mittlere Rüstung mit erhöhter Bewegungsgeschwindigkeit.

- **Verbrauchsmaterialien:** Munitionspakete und Schadensverstärker.

Am besten geeignet für:

- Fernkämpfe in offenen Gebieten.

- Spieler, die einen hohen DPS bei minimalem Risiko bevorzugen.

5. Der Hybrid – Vielseitiger Aufbau

Wenn du dich nur schwer zwischen roher Stärke, Tarnung oder Magie entscheiden musst, bietet der Hybrid einen ausgewogenen Ansatz. Dieser Build opfert die Spezialisierung zugunsten der Flexibilität, sodass du dich an jede Situation anpassen kannst.

Schlüsselqualifikationen:

- **Ausgewogene Haltung:** Erhöht die Gesundheit und das Mana leicht.

- **Vielseitiger Kampf:** Ermöglicht den schnellen Wechsel zwischen Nah- und Fernkampfwaffen.

- **Adaptive Reflexe:** Erhöht vorübergehend entweder die Geschwindigkeit oder die Stärke, je nach Gegnertyp.

Empfohlene Ausrüstung:

- **Waffen:** Eine Mischung aus Nahkampf- und Fernkampfwaffen.

- **Rüstung:** Mittlere Rüstung mit ausgewogenen Werten.

- **Verbrauchsmaterialien:** Lebens- und Manatränke.

Am besten geeignet für:

- Spieler, die Spaß daran haben, mit verschiedenen Spielstilen zu experimentieren.

- Diejenigen, die sich mit verschiedenen Missionstypen befassen.

Stufenaufstieg und Fähigkeitsfortschritt

Das Level- und Fortschrittssystem in *South of Midnight* ist darauf ausgelegt, Erkundung, Kampfmeisterschaft und strategische Entscheidungen zu belohnen. Egal, ob du in mächtige Angriffe, passive Buffs oder Ressourcenmanagement investierst, wenn du verstehst, wie du effizient aufsteigst, kannst du dein Spielerlebnis erheblich verbessern.

1. Wie das Nivelliersystem funktioniert

Erfahrungspunkte (XP):

- Verdient EP, indem ihr Folgendes abschließt:

  - **Hauptquests:** Bietet die höchsten EP-Belohnungen.

  - **Nebenquests: Bieten** Sie oft XP zusammen mit Ausrüstung oder Lore-Gegenständen an.

  - **Kampf:** Das Besiegen von Gegnern bringt kleinere, aber konstante EP-Gewinne.

  - **Erkundung:** Das Entdecken neuer Orte oder versteckter Bereiche gewährt Bonus-EP.

2. Zuweisung von Fertigkeitspunkten

Mit jedem erreichten Level verdienst du **Skill-Punkte,** die du in verschiedene Fähigkeiten investieren kannst. Die strategische Zuweisung von Punkten kann über Erfolg oder Misserfolg deines Charakteraufbaus entscheiden.

Skill-Kategorien:

- **Kampf:** Erhöht den Waffenschaden, die Angriffsgeschwindigkeit und die kritische Trefferquote.

- **Verteidigung:** Erhöht Gesundheit, Rüstung und Schadensresistenz.

- **Ausdauer:** Verlängert die Dauer von Sprinten, Ausweichen und schweren Angriffen.

- **Nützlichkeit:** Verbessert die Herstellungseffizienz, das Sammeln von Ressourcen und die Dialogoptionen.

Tipps für die Zuordnung:

- **Zu Beginn des Spiels:** Priorisiere Ausdauer und Gesundheit für deine Überlebensfähigkeit.

- **Mittleres bis spätes Spiel:** Verlagere den Fokus auf den Schadensausstoß und die Abklingzeitverringerung.

3. Freischalten von Vorteilen und Fähigkeiten

Bestimmte Fähigkeiten können nur durch das Abschließen bestimmter Missionen oder das Erreichen einer Stufenschwelle freigeschaltet werden.

Fähigkeiten, die an Quests gebunden sind:

- Einige der mächtigsten Fähigkeiten erfordern das Durchlaufen der Haupthandlung oder das Abschließen von Fraktionsmissionen.

- Beispiel: **"Umarmung des Todes"** kann erst freigeschaltet werden, nachdem ein großer Boss besiegt wurde.

Fraktions- oder rufbasierte Fähigkeiten:

- Wenn du Fraktionen oder wichtigen NPCs hilfst, kannst du einzigartige Vorteile freischalten.

- **Tipp:** Wenn du deinen Ruf mit mehreren Fraktionen ausbalancierst, erhältst du mehr Belohnungen.

4. Meilensteine des Fortschritts

Alle 5 Stufen:

- Schalte eine "Meilenstein-Fähigkeit" frei, eine mächtige Fertigkeit, die den Kampf oder die Erkundung erheblich verbessert.

- Beispiel: **Stufe 10:** Schaltet doppelte Ausweichrollen oder einen zweiten Waffenplatz frei.

Prestige-Stufen (falls zutreffend):

- Nach Erreichen der Level-Obergrenze können Spieler ein Prestige ausüben, um spezielle kosmetische Gegenstände oder zusätzliche Fertigkeitspunkte zu erhalten.

- Das Gameplay bleibt auch nach Abschluss der Hauptgeschichte lohnenswert.

5. Best Practices für einen effizienten Fortschritt

1. **Schließe Nebenquests ab:** Sie bringen oft mehr EP pro Minute als das Grinden von Gegnern.

2. **Gründlich erkunden:** Versteckte Bereiche mit Überlieferungen und Sammlerstücken bieten wertvolle Boni.

3. **Skillpunkte diversifizieren:** Ein gut abgerundeter Build lässt sich besser an verschiedene Missionen anpassen.

4. **Für Meilenstein-Fertigkeiten speichern:** Einige mächtige Fähigkeiten erfordern mehrere Fertigkeitspunkte.

Effizientes Leveln sorgt dafür, dass du deinen Feinden immer einen Schritt voraus bist. Mit einem gut durchdachten Plan zur Entwicklung deiner Fähigkeiten kannst du dich an jede Herausforderung anpassen, *die South of Midnight* dir in den Weg stellt.

KAPITEL 5: WAFFEN, AUSRÜSTUNG UND GEGENSTÄNDE

Waffenkategorien und Schadensarten

In *South of Midnight* hängt das Überleben davon ab, wie gut du dich für die bevorstehenden Schlachten ausrüstest. Mit einem umfangreichen Arsenal an Waffen und unterschiedlichen Schadensarten ist es wichtig, die Stärken und Schwächen jeder Waffenkategorie zu verstehen. Egal, ob du dich mit einem Schwert durch Horden wühlst, aus der Ferne schießt oder übernatürliche Energie kanalisierst, dieser Leitfaden bietet Einblicke in jeden Waffentyp, um dir bei der Auswahl des perfekten Werkzeugs für jede Situation zu helfen.

1. Nahkampfwaffen

Nahkampfwaffen sind ideal für den Nahkampf und bieten einen hohen Schadensausstoß bei minimalem Ressourcenverbrauch. Sie sind nach Geschwindigkeit, Reichweite und Rückstoßfähigkeiten kategorisiert.

Arten von Nahkampfwaffen:

- **Schwerter:** Ausgewogene Waffen mit moderater Geschwindigkeit und Schaden.

- **Äxte:** Waffen mit hohem Schaden und langsamer Schwunggeschwindigkeit, ideal für die Durchdringung von Panzerungen.

- **Hämmer:** Schwere Waffen, die auf Rückstoß und Massenkontrolle spezialisiert sind.

- **Dolche:** Schnelle, aber schadensarme Waffen mit hohen kritischen Trefferchancen.

Schadensarten:

- **Hiebschaden:** Effektiv gegen leicht gepanzerte Gegner.

- **Stumpfer Schaden:** Ideal, um Rüstungen zu durchbrechen und Gegner ins Taumeln zu bringen.

- **Durchdringender Schaden:** Gut für präzise Schläge gegen Schwachstellen.

2. Fernkampfwaffen

Fernkampfwaffen ermöglichen es den Spielern, einen sicheren Abstand zu halten, während sie Schaden verursachen. Mit ihren verschiedenen Munitionstypen und Schussmodi sind sie unverzichtbar für Spieler, die Wert auf Positionierung und Präzision legen.

Arten von Fernkampfwaffen:

- **Bögen:** Lautlose Waffen mit Genauigkeit auf große Entfernung; ideal für Tarnung.

- **Armbrüste:** Langsamer als Bögen, verursachen aber mehr Schaden pro Schuss.

  Schusswaffen: Pistolen, Gewehre und Schrotflinten bieten einen hohen DPS-Wert, erfordern aber Munitionsmanagement.

- **Wurfwaffen:** Granaten oder Wurfmesser, die AoE oder Statuseffekte verursachen.

Schadensarten:

- **Ballistischer Schaden:** Effektiv gegen organische Gegner.

- **Explosiver Schaden:** Großartig für die Massenkontrolle und die Zerstörung von Barrieren.

- **Elementarschaden:** Wendet je nach Munitionstyp Brand-, Einfrier- oder Schockeffekte an.

3. Magie und Elementarwaffen

Für Spieler, die übernatürliche Kämpfe bevorzugen, bieten magische Waffen eine einzigartige Möglichkeit, Feinden Schaden zuzufügen und das Schlachtfeld zu manipulieren. Diese Waffen skalieren oft mit Mana- oder Magiewerten.

Arten von magischen Waffen:

- **Stäbe:** Langstreckenwaffen, die Elementarprojektile kanalisieren.

- **Zauberstäbe:** Schnell wirkende Waffen, die sich ideal für Einzelzielschaden eignen.

- **Runen:** Beschwört Fallen oder Totems, die anhaltenden Schaden verursachen.

- **Kanalisierte Waffen:** Erfordern einen konstanten Manaverbrauch, verursachen aber anhaltenden Schaden.

Schadensarten:

- **Feuerschaden:** Verursacht Burn-over-Time-Effekte, die gegen fleischige Gegner wirksam sind.

- **Eisschaden:** Verlangsamt oder friert Gegner ein und verringert ihre Bewegungsgeschwindigkeit.

- **Schockschaden:** Taumelt mechanische oder gepanzerte Gegner.

- **Dunkle Energie:** Verursacht Schaden über Zeit und kann Schwächungseffekte verursachen.

4. Hybride und einzigartige Waffen

Hybridwaffen kombinieren zwei Kampfstile oder bieten spezielle Mechaniken, die Vielseitigkeit im Kampf bieten.

Arten von Hybridwaffen:

- **Gunblades:** Kombiniere Nahkampf- und Fernkampfschaden, ideal für flexible Kämpfe.

- **Elementarklingen:** Nahkampfwaffen mit elementaren Eigenschaften.

- **Bumerangs:** Kehren Sie zum Spieler zurück und bieten Sie eine wiederverwendbare Fernkampfoption.

- **Beschworene Waffen:** Materialisiert sich kurzzeitig für mächtige Einmalangriffe.

Schadensarten:

- **Physisch + Elementar** : Verursacht sowohl Nahkampf- als auch Elementarschaden gleichzeitig.

- **Statuseffekte:** Verursacht Gift, Blutung oder Lähmung für längeren Schaden.

Seltenheit und Qualität der Waffe

In *South of Midnight* gibt es Waffen in verschiedenen Seltenheitsgraden, die ihre Kraft- und Werteboni bestimmen.

Seltenheitsstufen:

- **Gewöhnlich (Grau):** Einfache Waffen mit minimalen Werten.

- **Ungewöhnlich (Grün):** Etwas bessere Werte mit kleinen Vorteilen.

- **Selten (Blau):** Verbesserter Schaden und einzigartige passive Fähigkeiten.

- **Episch (Lila):** High-End-Waffen mit mehreren Vorteilen.

- **Legendär (Gold):** Extrem mächtig mit spielverändernden Fähigkeiten.

Waffen-Mods:

- Anbauteile wie Zielfernrohre, Schalldämpfer oder Elementarmodifikatoren können die Leistung weiter verbessern.

- Beispiel: Das Hinzufügen eines Schock-Mods zu einem Gewehr kann mechanische Feinde vorübergehend außer Gefecht setzen.

Die Wahl der richtigen Waffe

Betrachten Sie die Situation:

- Nahkampf für enge Räume.

- Fernkampf für offene Felder oder fliegende Feinde.

- Magie für Massenkontrolle oder spezialisierte Feinde.

Experimentiere mit Loadouts:

- Das Wechseln der Waffen je nach Mission kann die Effizienz maximieren.

- Halte eine ausgewogene Ausrüstung mit einer Fernkampf- und einer Nahkampfwaffe für mehr Vielseitigkeit.

Rüste dich in *South of Midnight mit Bedacht aus*, die richtige Waffe kann den Unterschied zwischen Leben und Tod ausmachen.

Rüstung und Verteidigungsausrüstung

Um in der rauen Welt von *South of Midnight zu überleben*, braucht es mehr als nur mächtige Waffen. Verteidigungsausrüstung wie Rüstungen, Schilde und Accessoires bieten lebenswichtigen Schutz vor feindlichen Angriffen, Elementargefahren und Gefahren aus der Umgebung. Egal, ob du Schaden tankst oder Schlägen ausweichst, die Wahl der richtigen Verteidigungsausrüstung ist für jeden Build unerlässlich.

1. Arten von Panzerungen

Die Panzerung wird nach Gewicht und Schutzstufe kategorisiert, die jeweils Kompromisse zwischen Mobilität und Verteidigung bieten.

1. Leichte Rüstung

- **Profis:**

    o Hohe Mobilität und schnellere Wiederherstellung von Ausweichrollen.

    o Erhöht die Ausdauer und die Effektivität der Tarnung.

- **Nachteile:**

    o Geringe Schadensresistenz.

    o Anfällig für schwere Angriffe.

2. Mittlere Rüstung

- **Profis:**

    o Ausgewogene Verteidigung und Mobilität.

- o Gut für vielseitige Spielstile.

- **Nachteile:**

  - o Durchschnittliche Resistenz gegen Elementarschaden.

  - o Verlangsamt die Wiederherstellung nach Ausweichmanövern mäßig.

3. Schwere Rüstung

- **Profis:**

  - o Höchste Verteidigung gegen physischen und elementaren Schaden.

  - o Am besten für Panzerbauten.

- **Nachteile:**

  - o Reduziert die Bewegungsgeschwindigkeit erheblich.

  - o Verbraucht mehr Ausdauer beim Ausweichen.

2. Schilde und Barrieren

Schilde und magische Barrieren können Schaden absorbieren oder ablenken, so dass die Spieler Zeit haben, sich während des Kampfes zu erholen oder neu zu positionieren.

Schild-Typen:

- **Physische Schilde: Blockt** Nahkampf- und Fernkampfschaden, verschlechtert sich aber mit der Zeit.

- **Energieschilde:** Aufladen über Zeit, bieten aber weniger Haltbarkeit.

- **Mystische Barrieren:** Reflektiert einen Teil des Schadens an die Angreifer zurück.

3. Zubehör und defensive Mods

Accessoires wie Ringe, Amulette und Mods verbessern die Verteidigung und bieten passive Buffs.

Beispiele:

- **Ring der Abhärtung:** Verringert die Dauer der Staffelung um 30 %.

- **Amulett der Vitalität:** Erhöht die maximale Gesundheit um 20 %.

- **Mod Elementarschutz:** Verringert den Elementarschaden um 15 %.

4. Ausrüstung herstellen und verbessern

In *South of Midnight* ist das Crafting unerlässlich, um deine Rüstung gegen stärkere Feinde wettbewerbsfähig zu halten.

Benötigte Ressourcen:

- **Eisen und Stahl: Verbessere** deine physische Rüstung.

- **Kristalle und Äthersplitter:** Verbessere Schilde und mystische Barrieren.

- **Leder und Stoff:** Verbessere die Mobilitätswerte leichter Rüstungen.

Upgrade-Stufen:

- **Stufe 1-2:** Erhöht die Grundwerte bei minimalem Ressourcenverbrauch.

- **Stufe 3-4:** Fügt einzigartige Vorteile wie Lebensregeneration oder Schadensreflexion hinzu.

- **Stufe 5:** Maximiert die Werte und schaltet kosmetische Anpassungen frei.

Balance zwischen Verteidigung und Angriff

Die beste Verteidigung besteht nicht nur aus hohen Rüstungswerten, sondern auch aus Anpassungsfähigkeit. Die Balance zwischen Rüstungsgewicht, Schildeffizienz und Zubehör-Buffs kann einen abgerundeten Build schaffen, der die härtesten Begegnungen übersteht.

- **Panzer-Spieler:** Legt Wert auf schwere Panzerung und Lebensregeneration.

- **Stealth-Spieler:** Entscheide dich für leichte Rüstungen mit Ausweichboni.

- **Ausgewogene Builds:** Verwende mittlere Rüstung mit Mods zur Abklingzeitverringerung.

Beim Überleben geht es nicht darum, Schaden zu vermeiden, sondern darum, ihn zu bewältigen. In *South of Midnight* kann die richtige Verteidigungsausrüstung einen herausfordernden Kampf in einen siegreichen verwandeln.

Herstellen und Aufwerten von Ausrüstung

In *South of Midnight* wird euch rohe Kraft allein nicht durch die härtesten Schlachten tragen, sondern gut gemachte und verbesserte Ausrüstung. Das Crafting ermöglicht es den Spielern, Waffen, Rüstungen und Accessoires herzustellen, die auf ihren Spielstil zugeschnitten sind, während das Aufrüsten sicherstellt, dass diese Gegenstände im Laufe des Spiels effektiv bleiben. Die Beherrschung der Kunst des Bastelns und Aufrüstens verbessert nicht nur die Effektivität im Kampf, sondern fügt dem Überleben und der Erkundung auch eine strategische Ebene hinzu.

1. Grundlagen des Handwerks

Ressourcen sammeln:

Um Ausrüstung herzustellen oder zu verbessern, müssen die Spieler eine Vielzahl von Materialien sammeln, die in der Spielwelt verstreut sind. Diese Materialien werden häufig gefunden von:

- **Plündern von gefallenen Feinden** Bosse lassen seltene Komponenten fallen.

- **Erkundung versteckter Orte** Minen, Höhlen und verlassene Siedlungen liefern Metalle und seltene Erze.

- **Ernte von Pflanzen und Mineralien** Elementare Ressourcen wie **Äthersplitter** oder **Flammenblätter** verbessern die magische Ausrüstung.

- **Demontage alter Ausrüstung** Durch die Zerlegung veralteter Geräte werden wertvolle Materialien zurückgegeben.

2. Handwerksstationen

Crafting ist nur an ausgewiesenen Stationen in sicheren Zonen oder Spielerhubs möglich. Jede Station ist auf eine bestimmte Art von Ausrüstung spezialisiert.

Arten von Handwerksstationen:

- **Schmiede:** Zum Herstellen und Aufrüsten von Waffen und schweren Rüstungen.

- **Tüftlerwerkstatt:** Zum Herstellen von Fallen, Munition und Gebrauchsausrüstung.

- **Arkaner Altar:** Zum Verleihen von Waffen mit elementaren Eigenschaften oder zum Herstellen von magischen Gegenständen.

- **Lederbearbeitungsbank:** Für die Herstellung von leichten Rüstungen und Stealth-Zubehör.

3. Verbessere die Mechanik

Das Aufwerten von Ausrüstung verbessert ihre Werte, schaltet neue Fähigkeiten frei und erhöht ihre Seltenheitsstufe. Upgrades erfordern sowohl Ressourcen als auch Spielwährung.

Upgrade-Stufen:

- **Stufe 1-2 (Grundstufe):** Minimale Materialkosten, moderate Werte-Boosts.

- **Stufe 3-4 (Verbessert):** Fügt passive Boni hinzu (z. B. Schadensreflexion, Ausdauerregeneration).

- **Stufe 5 (Meisterwerk):** Gewährt einzigartige Effekte wie Lebensraub oder Elementarexplosionen.

Beispiel:

- **Normalschwert (Stufe 1):** 50 Schaden, keine Boni.

- **Verbessertes Schwert (Stufe 3):** 80 Schaden, 10 % kritische Trefferquote.

- **Meisterwerk-Schwert (Rang 5):** 120 Schaden, 20 % kritische Rate, Lebensraub bei Treffer.

4. Spezielle Materialien und Seltenheitsfreischaltungen

Bestimmte Upgrades erfordern seltene, hochwertige Materialien, die nur in bestimmten Regionen oder von hochstufigen Gegnern zu finden sind.

Seltene Materialien:

- **Leerenstahl:** Erforderlich für legendäre Waffen-Upgrades.

- **Obsidiansplitter:** Unverzichtbar für Elementarwiderstandsausrüstung.

- **Mondsteinstaub:** Erhöht die Manaeffizienz von magischen Gegenständen.

So erhalten Sie seltene Materialien:

- **Weltereignisse:** Nimm an zeitlich begrenzten Herausforderungen teil.

- **Bosskämpfe:** Besiege Elite-Feinde, um hochstufige Beute zu erhalten.

- **Erkundung:** Finde versteckte Caches in abgelegenen oder schwer zugänglichen Gebieten.

5. Basteltipps für Effizienz

- **Konzentriere dich auf Vielseitigkeit:** Investiere nicht zu früh in eine einzige Waffe.

- **Balance-Werte:** Priorisiere Überlebensfähigkeits- und Ausdauer-Upgrades vor rohem Schaden.

- **Mit Bedacht zerlegen:** Zerlege alte Ausrüstung, um seltene Materialien zurückzugewinnen.

- **Upgrade statt Crafting Neu:** Manchmal ist das Aufrüsten einer Lieblingswaffe ressourcenschonender als das Herstellen einer neuen.

Das Crafting in *South of Midnight* ist mehr als nur ein Feature, es ist ein Rettungsanker. Wenn du es meisterst, kannst du selbst in den härtesten Umgebungen von einer Beute zu einem Raubtier werden.

Die besten Zahnradkombinationen für den Erfolg

Kein einzelnes Ausrüstungsteil kann dich durch die Herausforderungen von *South of Midnight tragen*. Der Schlüssel zum Erfolg liegt in der intelligenten Kombination von Waffen, Rüstungen und Accessoires, die mit deinem Spielstil harmonieren. Egal, ob du rohe Gewalt, Tarnung oder Magie bevorzugst, in diesem Abschnitt erfährst du die optimale Ausrüstung, um das Schlachtfeld zu dominieren.

1. Der unaufhaltsame Panzer

Am besten geeignet für: Spieler, die überwältigendem Schaden standhalten und gleichzeitig zurückschlagen wollen.

Empfohlene Einrichtung:

- **Waffe:**

  - **Earthbreaker Maul** (Stumpfer Schaden mit Rückstoß)

- **Rüstung:**

  - **Bollwerk des Titanen** (Schwere Rüstung mit 25 % Schadensresistenz)

- **Schild:**

- o **Eiserne Barriere** (Reflektiert 10 % des Schadens an Angreifer zurück)

- **Zubehör:**

  - o **Ring der Tapferkeit** (Erhöht die Gesundheit um 20 %)

  - o **Amulett der Steinentschlossenheit** (Verringert die Dauer des Taumelns)

Warum es funktioniert:

Dieses Gebäude lebt von Nachhaltigkeit. Mit hohen Gesundheits- und Verteidigungswerten kannst du es dir leisten, Schläge auszuteilen, während du deine Feinde stetig zermürbst.

2. Der Präzisions-Attentäter

Ideal für: Spieler, die sich durch Stealth- und Burst-Angriffe mit hohem Schaden auszeichnen.

Empfohlene Einrichtung:

- **Waffe:**

  - o **Schattenzahndolche** (Hohe kritische Trefferquote von hinten)

- **Rüstung:**

  - o **Wraithhide Suit** (Geräuschreduzierung und schnellere Wiederherstellung des Ausweichens)

- **Schild/Dienstprogramm:**

  - o **Rauchbombe** (Erstellt Deckung für die Stealth-Neupositionierung)

- **Zubehör:**

  - o **Ring des stillen Schritts** (Erhöht die Tarngeschwindigkeit)

  - o **Anhänger der Tödlichkeit** (Erhöht den Schaden von 'Meucheln' um 30 %)

Warum es funktioniert:

Diese Ausrüstungskombination ermöglicht eine schnelle Infiltration und Takedowns mit hohem Schaden, bevor Feinde zurückschlagen können.

3. Der Elementar-Oberherr

Ideal für: Spieler, die es lieben, das Schlachtfeld mit Elementarangriffen zu kontrollieren.

Empfohlene Einrichtung:

- **Waffe:**

  - o **Sturmrufer-Stab** (Kettenblitzangriffe)

- **Rüstung:**

  - o **Roben der glühenden Flamme** (Erhöht Feuer- und Blitzschaden)

- **Schild/Dienstprogramm:**

  - o **Elementarschutz** (Verringert den erlittenen Elementarschaden)

- **Zubehör:**

  - o **Ring der arkanen Macht** (Erhöht die Zaubermacht um 20%)

  - o **Talisman des Energieflusses** (Verringert die Abklingzeiten um 15 %)

Warum es funktioniert:

Dieser Build zeichnet sich durch Massenkontrolle aus und ist ideal, um mehrere Feinde zu bekämpfen oder schnelle Angreifer zu verlangsamen.

4. Der vielseitige Entdecker

Ideal für: Spieler, die Flexibilität im Kampf und in der Erkundung wünschen.

Empfohlene Einrichtung:

- **Waffe:**

  - **Gunblade of the Lost** (Wechselt zwischen Fern- und Nahkampfschaden)

- **Rüstung:**

  - **Gewänder des Waldläufers** (Mittlere Rüstung mit Ausdauerregeneration)

- **Schild/Dienstprogramm:**

  - **Kinetischer Schild** (Absorbiert Schaden und wandelt ihn in Ausdauer um)

- **Zubehör:**

  - **Ring des Wanderers** (Erhöht die Bewegungsgeschwindigkeit um 15 %)

  - **Amulett des Einfallsreichtums** (Erhöht die Ressourcen-Drop-Rate)

Warum es funktioniert:

Diese Ausrüstungskombination ist ideal für Spieler, die häufig auf Erkundungstour gehen, und ermöglicht es ihnen, sich an wechselnde Szenarien anzupassen.

5. Legendäres Endgame-Setup

Ideal für: Spieler, die den größten Teil des Spiels abgeschlossen haben und maximale Leistung suchen.

Empfohlene Einrichtung:

- **Waffe:**

  - **Voidfang Scythe** (Lebensentzug mit Flächenschaden)

- **Rüstung:**

  - **Mantel des Ätherfürsten** (Erhöht alle Elementarwiderstände um 30%)

- **Schild/Dienstprogramm:**

    o **Finsternis-Barriere** (Reflektiert Schaden und gewährt vorübergehende Unverwundbarkeit)

- **Zubehör:**

    o **Ring der Unendlichkeit** (Halbierung der Abklingzeit)

    o **Anhänger der Besiegten** (Erhöht den Schaden um 25 %, wenn die Gesundheit unter 50 % liegt)

Warum es funktioniert:

Dieser Endgame-Build bietet unvergleichliche Kraft und Überlebensfähigkeit, ideal für Bosskämpfe und Herausforderungen mit hohem Schwierigkeitsgrad.

Die richtige Ausrüstung zu kombinieren ist mehr als nur das Anpassen von Werten, es geht darum, Synergien zu schaffen, die zu deinem Spielstil passen. Egal, ob du deine Feinde überwältigen, ausmanövrieren oder austricksen willst, das Meistern von Ausrüstungskombinationen in *South of Midnight* stellt sicher, dass jede Schlacht zu deinen Bedingungen ausgetragen wird.

KAPITEL 6: STRATEGIEN UND TIPPS FÜR DEN ERFOLG

Survival-Leitfaden für Anfänger

Deine Reise in *South of Midnight* zu beginnen, kann sowohl aufregend als auch entmutigend sein. Mit einer riesigen offenen Welt voller feindlicher Kreaturen, mysteriöser Fraktionen und tiefgründiger Gameplay-Mechaniken ist es wichtig, von Anfang an eine solide Grundlage zu schaffen. Dieser Überlebensleitfaden soll neuen Spielern helfen, sich in der Anfangsphase des Spiels zurechtzufinden, häufige Fallstricke zu vermeiden und sich auf langfristigen Erfolg vorzubereiten.

1. Verstehe die Spielwelt

Die Welt von *South of Midnight* ist eine dynamische, lebendige Umgebung, in der das Überleben nicht garantiert ist. Von üppigen Sümpfen bis hin zu unheimlichen Geisterstädten hat jeder Ort seine eigenen Gefahren und Belohnungen.

Wichtige Tipps:

- **Erkunden Sie früh, erkunden Sie oft:**

    - Bei der frühen Erkundung werden sichere Zonen, Handwerksmaterialien und Schnellreisepunkte entdeckt.

- **Machen Sie sich Notizen:**

  - Behalte den Überblick über ressourcenreiche Gebiete und feindliche Spawn-Orte.

- **Seien Sie vorsichtig mit dem Tag-Nacht-Zyklus:**

  - Bestimmte Feinde werden nachts stärker, während andere erst tagsüber erscheinen.

2. Meistere die Grundlagen des Kampfes

Wenn du dich ohne Vorbereitung kopfüber in den Kampf stürzt, kannst du schnell besiegt werden. Das Erlernen der Grundlagen ist entscheidend.

Grundlagen des Kampfes:

- **Timing ist alles:**

  - Lerne feindliche Angriffsmuster, denen du im richtigen Moment ausweichen oder parieren kannst.

- **Verwalten Sie Ihre Ausdauer:**

  - Angreifen, Blocken und Ausweichen rauben entziehen ihr Ausdauer. Vermeiden Sie es, sich zu sehr zu verpflichten.

- **Verwenden Sie die Umgebung:**

  - o Explosive Fässer, hohe Lagen und Deckung können das Blatt in der Schlacht wenden.

- **Mit Bedacht heilen:**

  - o Heile, wenn du Luft zum Atmen hast, Heilgegenstände haben Animationsverzögerungen.

3. Priorisieren Sie Ziele zu Beginn des Spiels

Wenn Sie sich frühzeitig Ziele setzen, können Sie den Fortschritt optimieren.

Wesentliche Ziele:

- **Finde eine zuverlässige Waffe:**

  - o Experimentiere, bis du eine Waffe findest, die zu deinem Spielstil passt.

- **Rüsten Sie Ihre Ausrüstung auf:**

  - o Priorisiere das Aufrüsten der Panzerung, um zu überleben, bevor du in Schaden investierst.

- **Schnellreisepunkte freischalten:**

    o Macht Backtracking und Resource Farming weniger zeitaufwändig.

- **Schließe Nebenquests ab:**

    o Nebenquests bieten oft wertvolle Ressourcen und XP.

4. Bestands- und Ressourcenmanagement

Ihr Inventarplatz ist begrenzt, verwalten Sie ihn mit Bedacht.

Tipps für die Bestandsverwaltung:

- **Priorisieren Sie seltene Materialien:**

    o Tragen Sie nicht zu viele gemeinsame Ressourcen mit sich, die Sie leicht wiederfinden können.

- **Schrott verkaufen oder zerlegen:**

    o Halten Sie Inventarplätze für hochwertige Beute frei.

- **Essentials zum Mitnehmen:**

- o Habe immer Heilgegenstände, Ausdauertränke und Munition dabei.

5. Aufbau deines Charakters

Die Anpassung ist das Herzstück von *South of Midnight*. Deine Auswahl an Fähigkeiten, Waffen und Ausrüstung bestimmt deinen Spielstil.

Bewährte Methoden:

- **Verzetteln Sie sich nicht zu sehr:**

  - o Konzentriere dich auf ein paar Kernwerte oder Fähigkeiten, anstatt zu versuchen, alles zu meistern.

- **Ausrüstung und Fähigkeiten synergetisch nutzen:**

  - o Kombiniere Fähigkeiten mit Ausrüstung, die sie verbessert.

- **Passen Sie sich der Situation an:**

  - o Habe verschiedene Ausrüstungen für Erkundung, Kampf und Bosskämpfe.

Mit diesen Überlebenstipps in der Hand können sich neue Spieler selbstbewusst auf ihre Reise durch *South of Midnight begeben* und einen reibungslosen Aufstieg vom Anfänger zum erfahrenen Abenteurer genießen.

Kampfstrategien für harte Begegnungen

Das Kampfsystem in *South of Midnight* bietet Tiefe und Komplexität und erfordert Strategie und Präzision, um mächtige Feinde und Bosse zu besiegen. Vom Verständnis des Verhaltens der Feinde bis hin zur Ausnutzung von Umweltvorteilen bietet dieser Abschnitt umsetzbare Strategien, die dir helfen, selbst die schwierigsten Schlachten zu meistern.

1. Studiere deine Feinde

Jeder Feind hat Stärken, Schwächen und Angriffsmuster, die ausgenutzt werden können.

Wichtige Tipps für die Feindanalyse:

- **Vor dem Angriff beobachten:**

  - Beobachte die Bewegungsmuster deiner Feinde, um zu lernen, wann sie am verwundbarsten sind.

- **Verwende die beste Schadensart:**

  - Stumpfer Schaden für gepanzerte Gegner, elementar für organische Gegner.

- **Auswirkungen des Exploit-Status:**

  - Gift, Verbrennung und Schock können Gesundheit entziehen oder Feinde ins Taumeln bringen.

2. Positionierung ist Macht

Wo du im Kampf stehst, entscheidet oft über den Ausgang des Kampfes.

Tipps zur Positionierung:

- **Behalten Sie die Höhe bei:**

  - o Fernkampfangriffe verursachen mehr Schaden und Feinde haben es schwerer, dich zu erreichen.

- **Verwenden Sie die Abdeckung:**

  - o Verstecke dich hinter Mauern oder Hindernissen, um feindlichen Fernkampfangriffen auszuweichen.

- **Locken und Bestrafen:**

  - o Locke Feinde in vorhersehbare Angriffsmuster und kontere dann.

3. Meistere fortgeschrittene Kampftechniken

Mit normalen Angriffen kommst du nur so weit. Die Integration fortschrittlicher Mechaniken kann das Blatt in schwierigen Begegnungen wenden.

Fortgeschrittene Techniken:

- **Perfektes Ausweichen:**

  - Das Ausweichen in letzter Sekunde verlangsamt die Zeit kurzzeitig und ermöglicht so Gegenangriffe.

- **Parieren und Gegenwehren:**

  - Wenn du im richtigen Moment blockst, betäubt du Gegner und macht sie für kritischen Schaden frei.

- **Combo-Ketten:**

  - Bestimmte Waffentypen verursachen erhöhten Schaden, wenn sie in aufeinanderfolgenden Schlägen eingesetzt werden.

- **Erstaunliche Bosse:**

  - Beständige schwere Angriffe bringen Bosse ins Taumeln und unterbrechen ihre gefährlichsten Attacken.

4. Nutze Verbrauchsmaterialien und Buffs

Buffs und Verbrauchsgegenstände können über Erfolg oder Misserfolg eines Kampfes entscheiden, vor allem gegen harte Feinde.

Unverzichtbare Verbrauchsmaterialien:

- **Heilende Stärkungsmittel:**

    o   Stelle deine Gesundheit mit der Zeit wieder her, sodass du länger im Kampf bleiben kannst.

- **Ausdauer-Booster:**

    o   Erhöht die Ausdauerregeneration für häufigeres Ausweichen oder Angreifen.

- **Elementare Öle:**

    o   Fügt Waffen vorübergehend Feuer-, Frost- oder Schockschaden hinzu.

- **Widerstandstränke:**

    o   Verringert den erlittenen Elementarschaden.

5. Strategie für Bosskämpfe

Bosskämpfe in *South of Midnight* sind oft mehrphasige Begegnungen, die Geduld und Anpassungsfähigkeit erfordern.

Überlebende Bosskämpfe:

- **Phase 1 Beobachtung:**

  - Konzentrieren Sie sich auf die Verteidigung, um Angriffsmuster zu lernen.

- **Phase 2 Aggression:**

  - Sobald Sie sichere Öffnungen erkennen, gehen Sie in die Offensive.

- **Phase 3 Anpassung:**

  - In späten Phasen werden oft neue Angriffe eingeführt: Bleiben Sie wachsam.

- **Beschwörungen oder Verbündete verwenden:**

  - In bestimmten Kämpfen kannst du NPC-Verbündete um Hilfe bitten.

6. Überwinde schwierige Mobs

Manchmal ist es nicht der Boss, der dich besiegt, sondern die Mobs.

Tipps für das Mob-Management:

- **Teile und herrsche:**

    o   Locke kleine Gruppen von der Haupthorde weg.

- **Priorisiere Feinde mit hohem Schaden:**

    o   Eliminiere zuerst Gegner mit Glaskanonen (wie Bogenschützen oder Magier).

- **AoE-Angriffe verwenden:**

    o   Großflächige Angriffe oder Sprengsätze können die Menge schnell ausdünnen.

7. Wann sollte man sich zurückziehen?

Nicht jeder Kampf muss sofort gewonnen werden. Zu wissen, wann man sich zurückziehen muss, kann wertvolle Ressourcen sparen.

Wann sollte man sich zurückziehen?

- **Wenig Heilmittel:**

  - Wenn in einem langen Kampf die Tränke ausgehen, ist das ein Todesurteil.

- **Unterlevelte Ausrüstung:**

  - Wenn die Gegner deutlich höher sind, komm später zurück.

- **Ohne Ausdauer:**

  - Wenn dir die Ausdauer ausgeht, bist du verwundbar für verheerende Angriffe.

Das Meistern des Kampfes in *South of Midnight* ist eine Reise voller Versuche, Irrtümer und schließlich des Triumphs. Durch die Kombination von Geduld und Strategie können selbst die härtesten Begegnungen zu lohnenden Siegen werden.

Ressourcenmanagement und -optimierung

In *South of Midnight* geht es beim Überleben nicht nur darum, Schlachten zu gewinnen, sondern auch darum, Ressourcen klug zu verwalten. Egal, ob es sich um Materialien für die Herstellung, Währung für Upgrades oder Verbrauchsmaterialien für die Heilung handelt, ein effizientes Ressourcenmanagement kann den Unterschied ausmachen, ob man erfolgreich ist oder knapp über die Runden kommt. In diesem Abschnitt finden Sie Tipps zum Sammeln, Zuweisen und Optimieren von Ressourcen, um Ihre Effektivität während des Spiels zu maximieren.

1. Priorisieren Sie wertvolle Ressourcen

Nicht alle Ressourcen sind gleich. Einige sind reichlich vorhanden, während andere selten und für hochstufiges Crafting oder Upgrades unerlässlich sind.

Wichtige Ressourcenkategorien:

- **Handwerksmaterialien:** Werden verwendet, um Ausrüstung herzustellen und zu verbessern.

- **Währung (Mitternachtssplitter):** Wird für den Handel und das Upgrade benötigt.

- **Verbrauchsmaterialien:** Unerlässlich für Heilung, Ausdauerregeneration und Buffs.

- **Quest-Gegenstände:** Oft einmaliger Gebrauch, aber entscheidend für den Fortschritt.

Bewährte Methoden:

- **Bauernhof Smart:**

    o Konzentriere dich auf ertragreiche Landwirtschaftszonen, in denen seltene Materialien häufig spawnen.

- **Verkaufen, nicht horten:**

- Verkaufe überschüssige gewöhnliche Materialien, um Platz im Inventar freizugeben und Währung zu verdienen.

    Wissen, was erneuerbar ist:

    o Gemeinsame Ressourcen respawnen; Priorisieren Sie sie nicht zu sehr.

2. Effiziente Bestandsverwaltung

In einem Spiel, in dem der Platz im Inventar begrenzt ist, ist es wichtig zu wissen, was man mitnehmen und was man zurücklassen sollte.

Tipps für eine effiziente Nutzung des Inventars:

- **Halten Sie ein ausgewogenes Inventar:**

    o Strebe eine 60/40-Aufteilung zwischen Kampfutensilien (Waffen, Tränke) und Handwerksmaterialien an.

- **Verwenden Sie Stash-Systeme:**

    o Lade seltene Gegenstände in Verstecke ab, die sich in sicheren Zonen befinden.

- **Demontieren Sie regelmäßig die Ausrüstung:**

    o Zerlege alte Waffen, um Materialien zu erhalten, anstatt sie mit dir herumzutragen.

- **Sortieren nach Seltenheit:**

    o Behalte legendäre und seltene Gegenstände; Commons verkaufen oder abbauen.

3. Währungsmanagement

Die Spielwährung **Midnight Shards** ist das Rückgrat des Handels und der Upgrades. Wenn Sie diese Ressource falsch verwalten, kann dies den Fortschritt verlangsamen.

So optimieren Sie die Verwendung von Währungen:

- **Überstürzen Sie keine Upgrades:**

  - Ausrüstung für das frühe Spiel ist schnell veraltet, die Speicherwährung für Ausrüstung im mittleren bis späten Spiel.

- **Investieren Sie in Langlebigkeit:**

  - Konzentriere dich darauf, Rüstungen und Schilde vor Waffen aufzuwerten, um die Überlebensfähigkeit zu verbessern.

- **Schließe Nebenquests ab:**

  - Nebenquests lohnen oft mit erheblichen Mengen an Währung.

- **Klug handeln:**

  - Einige Händler verkaufen den gleichen Artikel für weniger und vergleichen immer die Preise.

4. Zeiteffiziente Landwirtschaft

Stundenlang Ressourcen zu farmen, kann mühsam sein. Effiziente Farming-Methoden sparen Zeit und halten den Spielfluss aufrecht.

Beste landwirtschaftliche Praktiken:

- **Farmen während Nebenquests:**

  o Kombiniere Landwirtschaft mit Quests, um die Effizienz zu maximieren.

- **Zielwelt-Events:**

  o Zeitlich begrenzte Events bringen oft seltene Materialien und hohe Währungsauszahlungen mit sich.

- **Feindliche Schwächen ausnutzen:**

  o Einige Gegner lassen seltene Materialien fallen, wenn sie mit bestimmten Schadensarten getötet werden.

- **Verwenden Sie Resource Maps:**

  o Markieren Sie ressourcenreiche Bereiche für schnelle Wiederbesuche.

5. Die Kunst der Optimierung

Bei einem effizienten Ressourcenmanagement geht es nicht um Hamsterkäufe. Es geht um das Timing. Zu wissen, wann man ausgeben, wann man aufrüsten und wann man verkaufen sollte, kann das Gameplay erheblich verbessern.

Optimierungsstrategie:

- **Zu Beginn des Spiels:**

  - Konzentriere dich auf das Sammeln und Verkaufen von niedrigstufigen Ressourcen, um schnelle Währung zu erhalten.

- **Mitten im Spiel:**

  - Priorisiere das Aufrüsten von Ausrüstung, die zu deinem bevorzugten Spielstil passt.

- **Endspiel:**

  - Investiere viel in legendäre Ausrüstung und einzigartige Gegenstände.

Die Beherrschung des Ressourcenmanagements stellt sicher, dass du immer auf die bevorstehenden Herausforderungen vorbereitet bist, sodass du dich darauf konzentrieren kannst, das Spiel zu genießen, anstatt dir Sorgen machen zu müssen, dass dir die Vorräte ausgehen.

Häufige Fallstricke vermeiden

Selbst die erfahrensten Spieler können Opfer von Fehlern werden, die den Fortschritt behindern oder das Spiel unnötig herausfordernd machen. In diesem Abschnitt werden die häufigsten Fallstricke in *South of Midnight vorgestellt* und wie man sie vermeidet, um ein flüssigeres und angenehmeres Spielerlebnis zu gewährleisten.

1. Vernachlässigung der defensiven Werte

Viele Spieler legen Wert auf den Schadensausstoß und vergessen, dass Verteidigung genauso wichtig ist.

Warum das ein Problem ist:

- Glaskanonen bauen Kampf in langwierigen Kämpfen oder gegen Gruppen.

- Feinde mit hohem Schaden können untergepanzerte Charaktere mit einem Schuss treffen.

Wie man es vermeidet:

- **Balance ist der Schlüssel:**

  o Priorisiere neben Waffen auch Rüstungs- und Gesundheits-Upgrades.

- **Verwende defensive Buffs:**

  o Tränke und Verzauberungen, die die Widerstandsfähigkeit erhöhen, können dein Leben retten.

2. Nebenquests ignorieren

Sich nur auf die Hauptgeschichte zu konzentrieren, ist verlockend, führt aber oft dazu, dass man unterlevelt wird.

Warum das ein Problem ist:

- Du verpasst mächtige Ausrüstung und wichtige Ressourcen.

- Nebenquests bieten oft einen entscheidenden Kontext für den Aufbau der Welt.

Wie man es vermeidet:

- **Schließe Nebenquests frühzeitig ab:**

    o Nebenquests sind am Anfang oft einfacher und die Belohnungen skalieren mit deinem Level.

- **Überprüfen Sie NPCs regelmäßig:**

    o Einige Nebenquests sind zeitkritisch oder werden durch andere Ereignisse ausgelöst.

3. Sich zu sehr auf einen Spielstil zu verlassen

Wenn man sich auf einen einzigen Spielstil beschränkt, ist es schwieriger, sich an verschiedene Gegnertypen oder Umgebungen anzupassen.

Warum das ein Problem ist:

- Einige Bosse benötigen Reichweite, andere Nahkampf- oder Elementarschaden.

- Bestimmte Umgebungen bestrafen bestimmte Builds (z. B. ausdauerintensive Builds in sumpfigen Gebieten).

Wie man es vermeidet:

- **Habe mehrere Loadouts:**

  o Erstelle verschiedene Builds, die für Nahkampf, Reichweite und Magie optimiert sind.

- **Schalten Sie häufig die Ausrüstung um:**

  o Passe deine Ausrüstung an die Situation an, anstatt dich an ein Setup zu halten.

4. Schlechte Ressourcenallokation

Wenn du Ressourcen für die falschen Upgrades oder unnötige Gegenstände ausgibst, kann das den Fortschritt verlangsamen.

Warum das ein Problem ist:

- Ressourcen sind endlich, schlechte Investitionen können den Fortschritt des Getriebes verzögern.

- Einige frühe Upgrades sind schnell veraltet.

Wie man es vermeidet:

- **Recherchieren Sie vor dem Upgrade:**

    o Lesen Sie die Artikelbeschreibungen und prüfen Sie die Upgrade-Pfade, bevor Sie investieren.

- **Für die Mitte des Spiels speichern:**

    o Waffen im frühen Spiel werden schnell wirkungslos; Halte Ressourcen für bessere Ausrüstung bereit.

5. Die Umgebung nicht nutzen

Die Umgebung ist ein wichtiger Teil der *Kampf- und Erkundungsmechanik* von South of Midnight.

Warum das ein Problem ist:

- Das Ignorieren von Umweltfallen oder Ressourcen erschwert die Kämpfe.

- Das Übersehen von kletterbaren Strukturen oder versteckten Pfaden schränkt die Erkundung ein.

Wie man es vermeidet:

- **Erkunden Sie gründlich:**

  - Klettere auf Strukturen, zerbreche Kisten und inspiziere Objekte in der Umgebung.

- **Nutzen Sie Fallen zu Ihrem Vorteil:**

  - Locke Feinde in explosive Fässer oder instabiles Gelände.

- **Terrain im Kampf ausnutzen:**

  - Höhere Lagen und Engpässe können schwierige Kämpfe zu deinen Gunsten wenden.

6. Hetze durch das Spiel

Wenn du durch das Spiel rasest, fehlen oft wichtige Mechaniken, Überlieferungen und wertvolle Gegenstände.

Warum das ein Problem ist:

- Fehlende Überlieferungen beeinträchtigen das Eintauchen in die Geschichte.

- Das Überspringen von Mechanik-Tutorials kann dazu führen, dass du auf schwierigere Herausforderungen nicht vorbereitet bist.

Wie man es vermeidet:

- **Lass dir Zeit:**

   o Erkunde jede Zone gründlich.

- **Komplette Tutorials:**

   o Spielmechaniken, die früh eingeführt werden, sind später unerlässlich.

- **Interagiere mit NPCs:**

   o Dialoge enthalten oft Hinweise oder schalten versteckte Nebenquests frei.

Indem sie diese häufigen Fallstricke verstehen und vermeiden, können die Spieler *South of Midnight so erleben,* wie es beabsichtigt war: ein herausforderndes, aber lohnendes Abenteuer voller Entdeckungen und Spannung.

KAPITEL 7: KOMPLETTLÖSUNG – MISSIONEN UND LEVELS

Komplettlösung für die Haupthandlung

Das Herzstück von *South of Midnight* liegt in der packenden Haupthandlung, einer düsteren, aber faszinierenden Geschichte voller reichhaltiger Geschichten, komplexer Charaktere und herausfordernder Begegnungen. Diese Komplettlösung wurde entwickelt, um die Spieler durch jedes kritische Kapitel der Hauptgeschichte zu führen und sicherzustellen, dass sie nie wichtige Handlungspunkte oder wertvolle Beute verpassen. Egal, ob du wegen der Erzählung oder des Nervenkitzels des Kampfes hier bist, dieser Leitfaden wird dir helfen, jede Wendung zu meistern.

1. Erstes Kapitel: Erwachen im Bayou

Du erwachst in den gespenstischen Feuchtgebieten von **Midnight Hollow**, orientierungslos und ohne Waffen. Das unheimliche Flüstern im Wind deutet darauf hin, dass sich unter der Oberfläche etwas Uraltes regt.

Ziele:

- **Orientieren Sie sich:**

    o Durchsucht die nahegelegene Hütte nach grundlegender Ausrüstung (Starterwaffe und Heilsalbe).

- **Lerne den mysteriösen Fremden kennen:**

    o   NPC: **Old Man Drexel** bietet die erste Quest und die wichtigste Geschichte über den **Mitternachtsfluch**.

- **Kampf-Tutorial:**

    o   Tritt gegen **Sumpfschleicher** an, um grundlegende Kampfmechaniken zu erlernen.

Wichtige Tipps:

- **Alles durchsuchen:**

    o   Versteckte Behälter enthalten seltene Handwerksmaterialien.

- **Gehen Sie es langsam an:**

    o   Moorschleicher sind schwach, aber in Gruppen tödlich. Lernen Sie frühzeitig, mit Ihrer Ausdauer umzugehen.

2. Zweites Kapitel: Der Klagesumpf

Die nächste Etappe deiner Reise führt dich in die **Klagemarsch,** wo die Toten nicht begraben bleiben.

Ziele:

- **Räumt den Außenposten aus:**

  - Besiege **Sumpfgeister**, um dir einen Schnellreisepunkt zu sichern.

- **Löse das Rätsel der uralten Totems:**

  - Richte die Runen in der richtigen Reihenfolge aus, um das Tor zum **Hohlen Tempel zu öffnen**.

- **Besiege die Sumpfmatrone (Mini-Boss):**

  - Nutze ihre Verwundbarkeit durch **Feuerschaden** aus, um den Kampf zu gewinnen.

Wichtige Tipps:

- **Bringen Sie Gegenmittel mit:**

  - Der Sumpf ist voll von giftigen Kreaturen.

- **Verwenden Sie die Umgebung:**

  - Hohes Gras und Bäume können helfen, die Sichtlinie des Feindes zu durchbrechen.

3. Drittes Kapitel: Die Stadt der verlorenen Echos

Beim Betreten der Ruinen der einst blühenden **Elfenbeinbastion** treffen die Spieler auf die erste große Fraktion **The Pale Covenant**, eine Gruppe, die in Mystik gehüllt ist.

Ziele:

- **Frieden schließen oder in den Krieg ziehen:**

  o Deine Entscheidungen hier prägen zukünftige Begegnungen.

- **Infiltriert die Kathedrale des Flüsterns:**

  o Sammle drei Schlüssel von Fraktionsführern.

- **Bosskampf: Der stimmlose Erzbischof**

  o Ein mächtiger Feind mit drei Phasen, der sich schnell an jede Phase anpasst.

Wichtige Tipps:

- **Auf die Entscheidungen des Dialogs kommt es an:**

  o Wählen Sie Ihre Worte mit Bedacht; Hier werden Verbündete oder Feinde gefunden.

- **Elementarwaffen verwenden:**

  - o Jede Bossphase ist schwach gegen ein anderes Element.

4. Viertes Kapitel: Der zerbrochene Schleier

Die Welt beginnt sich zu verändern, während die Realität an den Rändern ausfranst. Seltsame Phänomene verändern bekannte Orte.

Ziele:

- **Untersuche die Risse:**

  - o Schließe drei Risse, um die Region zu stabilisieren.

- **Enthülle die Wahrheit über den Schleier:**

  - o NPC: **Elyra, die Riftwalkerin**, liefert wichtige Überlieferungen.

- **Boss-Begegnung: Der Riftborn-Behemoth**

  - o Ein herausfordernder Gegner, der Beweglichkeit und Geduld erfordert.

Wichtige Tipps:

- **Bereite dich auf Statuseffekte vor:**

  o Der Boss verursacht hohen **arkanen Schaden** und verursacht **Verlangsamung**.

- **Backup bringen:**

  o Beschwörbare Verbündete können helfen, Mobs während des Kampfes zu kontrollieren.

5. Letztes Kapitel: Das Ende der Mitternacht

Der Höhepunkt deiner Reise führt dich von Angesicht zu Angesicht mit der wahren Quelle des Mitternachtsfluchs.

Ziele:

- **Stürmt die Festung des Schreckens:**

  o Kämpfe dich durch Wellen von Elite-Feinden.

- **Bosskampf: Der hohle König**

  o Ein zweiphasiger Kampf, der jede Fähigkeit, die du gelernt hast, auf die Probe stellt.

- **Treffen Sie die endgültige Wahl:**

  - Opfer oder Erlösung, die Wahl beeinflusst das Ende.

Wichtige Tipps:

- **Vorräte:**

  - Heilgegenstände und Ausdauertränke sind unerlässlich.

- **Meisterhaftes Ausweichen:**

  - In der letzten Phase des Bosses gibt es eine One-Hit-Kill-Mechanik.

Nebenquests und optionale Inhalte

Während die Haupthandlung eine fesselnde Erzählung bietet, *ist South of Midnight* voller reichhaltiger Nebeninhalte, die die Geschichte erweitern, seltene Belohnungen bieten und einzigartige Spielerlebnisse bieten. Egal, ob du auf der Suche nach mächtiger Ausrüstung bist oder einfach nur mehr von der Welt erkunden möchtest, Nebenquests sind deine Zeit wert.

1. Fraktions-Quests

Das Spiel bietet drei große Fraktionen, jede mit ihrer eigenen Questreihe.

Fraktionen:

- **Der bleiche Bund:**

  o Questreihe: "Das Flüstern der Verlorenen"

  o Belohnungen: Einzigartiges Rüstungsset mit Tarnboni.

- **Die Eiserne Vorhut:**

  o Questreihe: "Stärke durch Einheit"

  o Belohnungen: Zweihandwaffe mit hohem Schaden.

- **Kinder des Nebels:**

  o Questreihe: "Echos im Nebel"

  o Belohnungen: Arkanbasierte Waffen und Schmuckstücke.

2. Legendäre Jagden

Legendäre Bestien durchstreifen die Länder von *South of Midnight* und bieten herausfordernde Kämpfe mit hohem Risiko und hoher Belohnung.

Bemerkenswerte Jagden:

- **Der Sumpfwyrm:**

    o Diese Bestie ist in **der Mitternachtshöhle** zu finden
    und lässt seltene Handwerksmaterialien fallen.

- **Der bleiche Stalker:**

    o Eine heimliche Begegnung, die Geduld und Timing
    auf die Probe stellt.

- **König der Asche:**

    o Wenn du diese feuerbasierte Bestie besiegst, erhältst
    du eine der besten Waffen im Spiel.

3. Versteckte Überlieferungen und Sammlerstücke

Die Erkundung wird mit Einträgen, Tagebüchern und versteckten
Gegenständen belohnt, die die Hintergrundgeschichte des Spiels
erweitern.

Arten von Sammlerstücken:

- **Uralte Folianten:**

    o Enthülle die Geschichte des Mitternachtsfluchs.

- **Verlorene Briefe:**

    - o   Geben Sie Einblicke in die Motivationen von NPCs.

- **Totems und Runen:**

    - o   Wird verwendet, um geheime Bereiche und Ausrüstung freizuschalten.

4. Optionale Bosse

Diese sind nicht erforderlich, um das Spiel zu beenden, bieten aber erhebliche Belohnungen.

Bemerkenswerte optionale Bosse:

- **Die Schattenkönigin:**

    - o   Dieser Boss, der in den **Ruinen von Ebenhall zu finden ist**, lässt legendäre magische Ausrüstung fallen.

- **Der hohle Ritter:**

    - o   Ein Elite-Feind, der deine Kampfreflexe herausfordert.

- **Esser von Sternen:**

  - Einer der härtesten Bosse im Spiel, der einzigartige kosmische Waffen fallen lässt.

5. Wiederspielwert und Endgame-Inhalte

Sobald der Abspann läuft, ist die Reise noch nicht zu Ende. New Game Plus (NG+) und dynamische Weltereignisse bieten Gründe, weiterzuspielen.

Endgame-Aktivitäten:

- **Neues Spiel Plus (NG+):**

  - Die Feinde sind härter, aber die Beute ist besser.

- **Fraktionskriege:**

  - Konkurrieren Sie um die Vorherrschaft mit sich wandelnden Weltstaaten.

- **Saisonale Veranstaltungen:**

  - Zeitlich begrenzte Events bieten exklusive Belohnungen.

Indem sie tief in die Nebenquests und optionalen Inhalte eintauchen, können die Spieler ihre Reise durch *South of Midnight verlängern*, versteckte Geschichten und mächtige Beute entdecken, während sie das Erlebnis frisch und lohnend halten.

Bosskämpfe und wie man sie besiegt

Bosskämpfe in *South of Midnight* sind mehr als nur Kräftemessen, sie sind dynamische Begegnungen, die die Spieler herausfordern, Kampfmechaniken, Ressourcenmanagement und schnelle Entscheidungen zu meistern. Jeder Boss hat einzigartige Fähigkeiten, Phasen und Schwächen, die jeden Kampf zu einem unvergesslichen Erlebnis machen. In diesem Abschnitt werden wir die wichtigsten Bosskämpfe aufschlüsseln und Strategien vorstellen, mit denen du selbst die härtesten Feinde besiegen kannst.

1. Sumpfmatrone Wächterin des Klagesumpfes

Die **Sumpfmatrone** ist der erste Mini-Boss, dem du gegenüberstehst. Obwohl es sich um eine frühe Begegnung handelt, kann sie Spieler, die sie unterschätzen, überwältigen.

Ort:

- Klagesumpf, in der Nähe des Zerbrochenen Totems.

Fähigkeiten:

- **Giftnebel:** Erzeugt eine Giftwolke, die Schaden über Zeit verursacht.

- **Wütende Hiebe:** Wird schneller und aggressiver, wenn die Gesundheit unter 50 % liegt.

- **Sumpfschleicher beschwören:** Ruft Diener herbei, um Spieler zu überwältigen.

Wie man sie besiegt:

- **Elementare Schwäche ausnutzen:**

    o Sie ist anfällig für **Feuerschaden**, also verwende feuerbeschichtete Waffen oder Flammenzauber.

- **Bleiben Sie mobil:**

    o Weiche einer Ausweichrolle aus, um dem Giftnebel auszuweichen, und positioniere dich auf eine Anhöhe, wenn du überwältigt wirst.

- **Töte zuerst die Schergen:**

    o Moorschleicher sind schwach, können aber deine Fluchtwege blockieren.

2. Der stimmlose Erzbischof Hüter der Kathedrale des Flüsterns

Der stimmlose Erzbischof **ist ein mächtiges Wesen mit einer tragischen Hintergrundgeschichte** und stellt sowohl Geduld als auch Präzision auf die Probe.

Ort:

- Kathedrale des Flüsterns, Elfenbeinbastei.

Fähigkeiten:

- **Echowelle:** Sendet eine geräuschbasierte Schockwelle aus, die Spieler ins Taumeln versetzt.

- **Beschwöre den Chor der Verlorenen:** Diener, die seinen Angriffsschaden verstärken.

- **Phase Zwei Klage der Verlorenen:** Löst einen anhaltenden Flächenangriff aus, der Ausdauer verbraucht.

Wie man ihn besiegt:

- **Bringen Sie Stille-Talismane mit:**

    o Verringert die Dauer des Taumeleffekts von 'Echowelle'.

- **Erledigen Sie Schergen schnell:**

    o Je länger sie am Leben bleiben, desto stärker werden seine Angriffe.

- **Verwenden Sie Interrupt-Fähigkeiten:**

    o Schwere Angriffe können ihn ins Taumeln bringen, bevor er die Klage der Verlorenen loslässt.

3. Die Riftborn-Behemoth-Manifestation des zerbrochenen Schleiers

Der Riftborn Behemoth **ist einer der herausforderndsten Bosse im mittleren Spiel,** ein ätherisches Wesen, das die Realität selbst verzerrt.

Ort:

- Der zerbrochene Schleier, in der Nähe des letzten Risses.

Fähigkeiten:

- **Zeitliche Verzerrung:** Verlangsamt die Bewegung des Spielers für 5 Sekunden.

- **Arkane Explosion:** Feuert ein Projektil mit hohem Schaden und Verfolgung ab.

- **Zerrisslinge beschwören:** Diener, die bei Kontakt explodieren.

Wie man es besiegt:

- **Rüste Anti-Arkan-Ausrüstung aus:**

  o Verringert erlittenen Arkanschaden um 30 %.

- **Mobilitätsfähigkeiten nutzen:**

  - Zeitliche Verzerrung kann mit Fertigkeiten abgeschwächt werden, die Immunitätsrahmen gewähren.

- **Angriff zwischen den Phasen:**

  - Der Behemoth hat nach jedem dritten Angriff ein Erholungsfenster.

4. Der Hollow King Endboss

Die letzte Begegnung ist ein zweistufiger Kampf gegen den **Hollow King**, das Wesen hinter dem Mitternachtsfluch. Dieser Kampf stellt jede Fertigkeit, die du gelernt hast, auf die Probe.

Ort:

- Festung des Schreckens, Midnight's End.

Phase Eins: Der Sturz des Tyrannen:

- **Schattenklauen:** Schnelle Nahkampfangriffe, die Ausdauer rauben.

- **Leerenriss:** Beschwört einen Bereich der Dunkelheit, in dem die Heilung reduziert ist.

Phase Zwei: Die Wiedergeburt des Königs:

- **Black Sun Nova:** Ein massiver Flächenangriff, der mit einem Treffer tötet.

- **Phantomritter beschwören:** Geistergegner, die besiegt werden müssen, um seinen Schild zu senken.

Wie man ihn besiegt:

- **Ausdauer verwalten:**

    o Engagieren Sie sich nicht zu sehr für Angriffe; Behalte Ausdauer zum Ausweichen.

- **Verwende Heilungsgegenstände über Zeit:**

    o Diese umgehen den Heilungs-Debuff des Leerenrisses.

- **Angriff nach Nova:**

    o Black Sun Nova macht ihn 10 Sekunden lang verwundbar.

Entscheidungen und Konsequenzen

In *South of Midnight* prägen die Entscheidungen, die du triffst, die Welt um dich herum. Von Allianzen bis hin zu moralischen Dilemmata wirkt sich jede Entscheidung darauf aus, wie sich die Geschichte entfaltet, welche Charaktere überleben und welches Ende du erhältst. In diesem Abschnitt werden die wichtigsten Entscheidungen und ihre weitreichenden Folgen untersucht.

1. Sich mit einer Fraktion verbünden

Zu Beginn des Spiels hast du die Wahl, dich mit einer von drei Fraktionen zu verbünden:

- **Der Bleiche Bund:** Ein mysteriöser Orden, der sich auf die Aufrechterhaltung des Gleichgewichts der Mächte konzentriert.

- **Die Eiserne Avantgarde:** Eine militaristische Gruppe, die nach der Kontrolle über Midnight Hollow strebt.

- **Kinder des Nebels:** Nomadische Überlebenskünstler, die Freiheit über Ordnung stellen.

Konsequenzen:

- **Vorteile für Verbündete:**

    o Jede Fraktion gewährt einzigartige Ausrüstung und Fähigkeiten.

- **Beziehungen zwischen Feinden:**

  o Wenn du dich mit einer Fraktion verbündest, kann das eine andere feindlich werden.

- **Endgame-Ergebnisse:**

  o Deine gewählte Fraktion kann dir in der letzten Schlacht helfen oder dich im Stich lassen.

2. Moralische Dilemmata

Im Laufe des Spiels stehst du vor schwierigen moralischen Entscheidungen, bei denen es kein klares Richtig oder Falsch gibt.

Wichtige Entscheidungen:

- **NPCs retten oder opfern:**

  o Das Retten bestimmter Charaktere kann kurzfristige Vorteile bringen, aber sie können dich später verraten.

- **Verbotene Mächte annehmen oder ablehnen:**

  o Dunkle Mächte bieten immense Stärke, aber auf Kosten von Gesundheit oder Ansehen.

- **Verraten von Verbündeten zum persönlichen Vorteil:**

  o Einige Optionen ermöglichen es dir, Verbündete für legendäre Beute einzuschalten.

Konsequenzen:

- **Entwicklung des Charakters:**
  - o NPCs erinnern sich an deine Handlungen, was sich auf zukünftige Interaktionen auswirkt.

- **Reputationssystem:**

  - o Gute oder böse Handlungen verändern, wie Fraktionen und Stadtbewohner dich behandeln.

- **Endvarianten:**

  - o Bestimmte Enden sind nur mit hoher Moral oder Schamhaftigkeit zugänglich.

3. Die Wahl des Spielers im Kampf

Auch im Kampf kommt es auf Entscheidungen an. Die Art und Weise, wie du einen Kampf angehst, kann seinen Ausgang drastisch verändern.

Wichtige Kampfentscheidungen:

- **Gnade oder Hinrichtung:**

  - o Die Schonung besiegter Feinde kann zu zukünftigen Allianzen führen.

- **Verwendung von Umweltfallen:**

  - o Fallen können dir helfen, Schlachten zu gewinnen, können aber Zivilisten schaden, wenn sie missbraucht werden.

Konsequenzen:

- **Beute-Variation:**
  - Das Töten von Bossen bietet seltene Beute; Wenn du sie verschonst, kannst du einzigartige Fähigkeiten erhalten.

- **Narrative Wirkung:**
  - Barmherzigkeit ist gedacht: Verbündete können dir später zu Hilfe kommen.

4. Enden, die auf Entscheidungen basieren

South of Midnight bietet mehrere Enden, die auf den Entscheidungen basieren, die im Laufe des Spiels getroffen werden.

Wichtige Endpfade:

- **Das Licht der Erlösung:**

  - Erreicht durch konsequentes Treffen selbstloser Entscheidungen.

- **Der Weg der Tyrannei:**

  - Erfordert rücksichtslose und eigennützige Entscheidungen.

- **Die Balance von Mitternacht:**

  - Das Ausbalancieren der Moral führt zu einem neutralen, bittersüßen Ende.

Geheime Enden freischalten:

- **Schließe alle Nebenquests ab:**

    o Bei einigen Endungen ist das Speichern von Schlüsselzeichen erforderlich.

- **Erkundet Lore-Gebiete:**

    o Geheime Entscheidungen, die durch die Entdeckung uralter Folianten freigeschaltet werden.

In *South of Midnight* hinterlässt jede Entscheidung Spuren. Egal, ob du nach Macht, Frieden oder etwas dazwischen suchst, die Art und Weise, wie du spielst, bestimmt, wie deine Geschichte endet.

KAPITEL 8: GEHEIMNISSE, SAMMLERSTÜCKE UND EASTER EGGS

Versteckte Orte und besondere Gegenstände

Einer der aufregendsten Aspekte von *South of Midnight* ist die reichhaltige Welt voller versteckter Orte und seltener Gegenstände, die darauf warten, entdeckt zu werden. Wenn du jede Ecke erkundest, Rätsel in der Umgebung löst und auf subtile Hinweise aus der Geschichte achtest, kannst du mächtige Waffen, einzigartige Ausrüstung und wertvolle Ressourcen erhalten. In diesem Abschnitt finden Sie die faszinierendsten versteckten Orte und die besonderen Gegenstände, die sie enthalten.

1. Die vergessene Höhle

Versteckt hinter einem Wasserfall in den **Klagemarschen** ist diese Höhle leicht zu übersehen, bietet aber reiche Belohnungen.

So finden Sie es:

- Halten Sie Ausschau nach leuchtenden Runen auf den Felsen in der Nähe des Wasserfalls.

- Benutze eine **Geisterlaterne** (gefunden während der Quest "Echos der Vergangenheit"), um den Eingang freizulegen.

Bemerkenswerte Beute:

- **Moonlit Dagger:** Eine schnelle Waffe mit hohem kritischem Schaden.

- **Amulett der geflüsterten Echos:** Gewährt erhöhte Tarnung und Wahrnehmung.

2. Der Schwarzmarkt in Hollow Reach

In der Stadt der **Elfenbeinbastion** gibt es einen versteckten Schwarzmarkt, auf dem mächtige Gegenstände angeboten werden, die man sonst nirgendwo findet.

So greifen Sie darauf zu:

- Sprecht mit **Händler Krael** im Marktviertel.

- Schließe die Quest **"Ein Gefallen im Dunkeln"** ab, um sein Vertrauen zu gewinnen.

Bemerkenswerte Beute:

- **Phantomumhang:** Verringert die Erkennungsreichweite von Feinden.

- **Splitter der Mitternacht:** Ein Handwerksmaterial, mit dem legendäre Waffen aufgewertet werden.

3. Die Ruinen von Ebonhall

Dieses Spukschloss war einst die Heimat des **Ordens des Schleiers**, einer geheimnisvollen Fraktion, die sich mit verbotener Magie beschäftigte.

So finden Sie es:

- Schließe die Quest **"Stimmen der Vergangenheit"** ab, um den **Schleiersteinschlüssel** zu erhalten.

- Betritt die Ruinen durch das **Zerschmetterte Tor** auf der **Purpurlichtung**.

Bemerkenswerte Beute:

- **Ring der Ewigen Nacht:** Erhöht die Ausdauerregeneration und die kritische Trefferchance.

- **Grimcaller's Blade:** Ein Zweihandschwert, das bei einem Treffer Gesundheit stiehlt.

4. Das stille Heiligtum

Das Silent Sanctum **ist ein labyrinthartiger Dungeon voller Fallen und Rätsel, der** sowohl Geschicklichkeit als auch Verstand auf die Probe stellt.

So finden Sie es:

- Löse das **Rätsel der drei Siegel** in der **Stadt der verlorenen Echos**.

- Der Eingang befindet sich unter der Hauptkathedrale der Stadt.

Bemerkenswerte Beute:

- **Finsternis-Bogen:** Ein legendärer Bogen, der arkanen Schaden verursacht.

- **Foliant der vergessenen Überlieferung:** Schaltet geheime Dialoge mit bestimmten NPCs frei.

5. Die Kante des Schleiers

Am äußersten Rand der Karte befindet sich der **Schleierrand**, eine realitätsverzerrte Zone, in der Zeit und Raum instabil sind.

So finden Sie es:

- Sammle drei **Leerenkristalle** von **Riftgeborenen-Behemoths**.

- Lege die Kristalle auf den **Altar der Echos** in **Midnight's End**.

Bemerkenswerte Beute:

- **Krone des Hohlen Königs:** Gewährt Immunität gegen Statuseffekte.

- **Heart of the Rift:** Wird verwendet, um das beste Rüstungsset im Spiel herzustellen.

Profi-Tipps zum Auffinden versteckter Beute:

- **Hören Sie sich NPC-Dialoge an:** Viele Charaktere lassen subtile Hinweise auf versteckte Orte fallen.

- **Interagiere mit der Umgebung:** Schiebbare Wände, kletterbare Vorsprünge und leuchtende Symbole führen oft zu Geheimnissen.

- **Gründlich erkunden: Wenn** du alte Gebiete mit neuen Fähigkeiten erneut besuchst, kannst du bisher unzugängliche Gebiete aufdecken.

Geheime Bosse und Herausforderungen

South of Midnight ist bekannt für seine herausfordernden geheimen Bosse, von denen jeder einzigartige Beute bietet und die Spieler auf eine Weise auf die Probe stellt, wie es das Hauptspiel nicht tut. Diese Begegnungen sind optional, bieten aber einige der besten Belohnungen im Spiel.

1. Die Schattenkönigin

Die **Schattenkönigin** ist ein legendärer Geist, der in den **Ruinen von Ebonhall** spukt und für ihre unberechenbaren Angriffe bekannt ist.

So finden Sie sie:

- Sammle die **drei Splitter des Zwielichts** in optionalen Nebenquests.

- Lege sie auf den Altar im Thronsaal der **Burg Ebenhall**.

Kampfmechaniken:

- **Phase Eins:** Teleportiert sich häufig mit Schattenbolzen.

- **Phase Zwei:** Beschwört Spiegelbilder, um die Spieler zu verwirren.

Belohnungen:

- **Schleier der Königin:** Erhöht die Tarnung und das Bewegungstempo.

- **Nachtfangklinge:** Verursacht Schattenschaden und skaliert mit Beweglichkeit.

2. Der bleiche Stalker

Diese schwer fassbare Bestie streift nachts durch die **Purpurlichtung**. Sein Kampf ist eine Prüfung der Geduld und Präzision.

So finden Sie es:

- Warte bis Mitternacht im Spiel und folge den heulenden Geräuschen.

- Benutze einen **Jägeramulett,** um seine Spuren zu enthüllen.

Kampfmechaniken:

- **Angriffe aus dem Hinterhalt:** Schläge aus der Tarnung, die ständige Aufmerksamkeit erfordern.

- **Blutungseffekt:** Verursacht Schaden über Zeit, sofern er nicht behandelt wird.

Belohnungen:

- **Kralle des Stalkers:** Ein Dolch mit einer hohen kritischen Trefferquote.

- **Ring der Jagd:** Erhöht den Schaden an blutenden Gegnern.

3. Verschlinger von Sternen

Der Sternenfresser, **einer der härtesten Bosse im Spiel,** ist ein kosmisches Wesen, das am **Rand des Schleiers** zu finden ist.

So finden Sie es:

- Sammle drei **Sternenkugeln** von hochstufigen Gegnern in den Nephalemportalen.

- Platziere sie auf dem **Obelisken des Lichts** , um den Boss zu beschwören.

Kampfmechaniken:

- **Gravitationsbrunnen:** Zieht Spieler in die Mitte und erschwert so die Bewegung.

- **Starburst-Explosion:** Massiver Flächenschaden mit One-Hit-Kill-Potenzial.

Belohnungen:

- **Himmlische Aegis:** Ein Schild, der magischen Schaden reflektiert.

- **Mantel des Leerwandlers:** Verringert die Abklingzeit von Fähigkeiten.

4. Der hohle Ritter

Der Hollow Knight **ist ein Überbleibsel der alten Ordnung** und ein Nahkampf-Kraftpaket, das in der **Kathedrale des Flüsterns** zu finden ist.

So finden Sie es:

- Schließe die **Questreihe** "Letztes Gefecht" des Ordens ab.

- Benutze das **Siegel der Tapferkeit**, um die verborgene Krypta zu öffnen.

Kampfmechaniken:

- **Unzerstörbare Wache:** Kann fast alle Frontalangriffe abwehren.

- **Hinrichtungsstoß:** Schwerer Angriff, der massiven Schaden verursacht.

Belohnungen:

- **Ritterschwur:** Ein Ring, der die Verteidigung und die Taumelresistenz erhöht.

- **Tapferkeitsklinge:** Ein Schwert, das mit den Werten für Stärke und Mut skaliert.

5. Die Prozesse der Antike

Kein einzelner Boss, sondern ein Spießrutenlauf mit immer schwierigeren Feinden, die **Prüfungen der Antike** sind der ultimative Härtetest.

So finden Sie es:

- Nachdem du die Hauptgeschichte abgeschlossen hast, besuche den **Zerbrochenen Schleier** erneut.
- Die Prüfungen werden durch das Tor der Ältesten freigeschaltet.

Kampfmechaniken:

- **Zufällige Feinde:** In jeder Runde werden unterschiedliche Feindtypen vorgestellt.

- **Umweltgefahren:** Fallen und AOE-Zonen erzwingen ständige Bewegungen.

Belohnungen:

- **Champion-Emblem:** Erhöht alle Werte um 10 %.

- **Midnight Slayer Rüstung:** Das beste Endgame-Rüstungsset.

Profi-Tipps für geheime Bosse:

- **Bereite dich vor:** Decke dich mit Tränken, Gegengiften und Handwerksmaterialien ein.

- **Lernmuster:** Jeder Boss hat einen einzigartigen Angriffsrhythmus, lerne ihn, bevor du dich auf ein aggressives Spiel einlässt.

- **Don't Give Up:** Diese Kämpfe sind so konzipiert, dass sie hart sind. Passen Sie Ihre Strategie so lange an, bis Sie Erfolg haben.

Das Entdecken und Besiegen dieser geheimen Bosse verschafft dir nicht nur das Recht, damit zu prahlen, sondern auch die beste Ausrüstung und ein besseres Verständnis der *Geschichte von South of Midnight* zu erlangen.

Freischaltbare Inhalte und Enden

Einer der lohnendsten Aspekte von *South of Midnight* ist die große Auswahl an freischaltbaren Inhalten und mehreren Enden. Von Geheimwaffen und versteckten Quests bis hin zu erzählerischen Entscheidungen bietet das Spiel den Spielern die Möglichkeit, einzigartige Ergebnisse zu erzielen, die auf ihren Entscheidungen basieren. In diesem Abschnitt erfährst du, wie du die wichtigsten freischaltbaren Elemente erreichst und wie du die einzelnen Enden des Spiels erreichst.

1. Freischaltbare Inhalte

Versteckte Waffen und Ausrüstung

- **Die Dämmerklinge:** Ein legendäres Schwert, das Schattenkreaturen Bonusschaden zufügt.

  - o **Freischaltung:** Schließe die Nebenquest **"Das letzte Licht"** ab, indem du **Elder Thorne hilfst, die** Purpurlichtung **zu verteidigen.**

- **Der Immerflammenbogen:** Eine mächtige Fernkampfwaffe mit unendlich vielen Feuerpfeilen.

  - o **Freischaltung:** Besiege den geheimen Boss **Ashborn Wyrm** in den **Geschmolzenen Höhlen.**

- **Rüstung des verlorenen Königs:** Steigert die Ausdauerregeneration und die Gesundheitsregeneration.

  - o **Freischaltung:** Sammle fünf **königliche Siegel,** die in der Elfenbeinbastion **verstreut sind.**

Geheime Quests und versteckte Bereiche

- **Der flüsternde Wald:** Ein mysteriöser Wald, der jedes Mal sein Layout ändert, wenn du ihn betrittst.

    o **Freischaltung:** Finde die **Rune der Echos**, indem du das Rätsel im **Stillen Heiligtum** löst.

- **Prüfung der Vergessenen:** Eine Reihe von Schlachten gegen frühere Champions.

    o **Freischaltung:** Sprich mit **Ghost of the First Guardian,** nachdem du die Haupthandlung abgeschlossen hast.

Exklusive Kosmetika und Titel

- **Midnight Slayer-Skin:** Ein kosmetisches Rüstungsset mit dunklem, ätherischem Glanz.

    o **Freischaltung:** Schließe alle Bosskämpfe ab, ohne zu sterben.

- **Titel: "Der ewige Wächter"**

    o **Freischaltung:** Sammle jeden Lore-Eintrag im Spiel.

2. Enden und wie man sie freischaltet

South of Midnight bietet mehrere Enden, die von den
Entscheidungen der Spieler im Laufe des Spiels geprägt sind. Jedes
Ende bietet eine andere Perspektive auf die Geschichte und erhöht
den Wiederspielwert und die emotionale Tiefe.

Das Licht der Erlösung

- **Pfad:** Für Spieler, die altruistische und selbstlose
  Entscheidungen treffen, der Rettung von NPCs Vorrang
  einräumen und machthungrige Entscheidungen vermeiden.

- **Wichtige Auswahlmöglichkeiten:**

    o Verschone den **Hollow King** in der letzten Schlacht.

    o Hilf der **Eisernen Vorhut,** Midnight Hollow **zu
       befreien**.

- **Ergebnis:**

    o Der Fluch wird aufgehoben und die Welt kehrt zum
       Frieden zurück. Der Spieler wird als Held gefeiert.

Der Weg der Tyrannei

- **Pfad:** Für Spieler, die egoistische Entscheidungen treffen,
  Macht in den Vordergrund stellen und wenig Rücksicht auf
  Allianzen nehmen.

- **Wichtige Auswahlmöglichkeiten:**

  - ○ Verrät den **bleichen Bund** für die **Kinder des Nebels.**
  - ○ Absorbiere die Kraft des **Leerenrisses**, anstatt ihn zu versiegeln.

- **Ergebnis:**

  - ○ Der Spieler wird zum neuen Herrscher von **Midnight Hollow**, der von allen gefürchtet wird.

Die Balance von Mitternacht

- **Pfad:** Für Spieler, die sich auf der Grenze zwischen Gut und Böse bewegen und pragmatische Entscheidungen treffen.

- **Wichtige Auswahlmöglichkeiten:**

  - ○ Hilf dem **Bleichen Bund,** das Gleichgewicht der Mächte zu wahren.

  - ○ Verschone oder töte Bosse basierend auf taktischen Vorteilen.

- **Ergebnis:**

  - ○ Der Fluch wird teilweise aufgehoben. Der Frieden ist vorübergehend, aber der Kreislauf geht weiter.

Das vergessene Vermächtnis (Geheimes Ende)

- **Pfad:** Erfordert das Sammeln aller **uralten Folianten** und die Aufklärung der Wahrheit über **den Ursprung von Midnight.**

- **Wichtige Auswahlmöglichkeiten:**

  - Schließe die Quest **"Echos der Ewigkeit" ab.**

  - Besiegt den **Sternenfresser** und bringt sein Herz zum Altar der **Klinge des Schleiers** zurück.

- **Ergebnis:**

  - Der Spieler wird zum Hüter der Zeit und wacht über die Welt jenseits der Realität.

Der ausgehöhlte Schleier (Schlechtes Ende)

- **Pfad:** Wird ausgelöst, wenn der Spieler ständig chaotische oder destruktive Entscheidungen trifft.

- **Wichtige Auswahlmöglichkeiten:**

  - Verrate wichtige Verbündete, töte unschuldige NPCs und suche nach verbotenen Kräften.

- **Ergebnis:**

  - Die Welt wird von Dunkelheit verschlungen und der Spieler ist in einer Endlosschleife des Leidens gefangen.

Profi-Tipps zum Freischalten aller Enden:

- **Mehrere Spielstände erstellen:** Bewahren Sie separate Speicherdateien vor wichtigen Entscheidungspunkten auf.

- **Experimentieren Sie mit Entscheidungen:** Selbst kleine Handlungen können das Ende beeinflussen, das Sie erhalten.

- **Erlebe das Spiel erneut:** Jeder Spieldurchgang bietet neue Dialoge und verschiedene Perspektiven.

Entwickler Easter Eggs und Referenzen

Die Entwickler von *South of Midnight* haben das Spiel mit versteckten Anspielungen und verspielten Easter Eggs vollgepackt, die die Spieler dafür belohnen, dass sie auf die kleinsten Details achten. Diese Geheimnisse reichen von nostalgischen Anspielungen auf andere Spiele bis hin zu humorvollen Interaktionen, die die vierte Wand durchbrechen. Lassen Sie uns einige der besten versteckten Schätze entdecken.

1. Hommage an klassische Spiele

- **Der verpixelte Schild:**

    - Dieser niedrig aufgelöste Schild befindet sich im **Vault of Memories** und ist eine Anspielung auf klassische 16-Bit-RPGs.

    - **Effekt:** Bietet minimalen Schutz, lässt Feinde aber in Pixel explodieren, wenn sie besiegt werden.

- **Das Konami-Grab:**

  - Im **Flüsterwald** gibt es einen Grabstein mit dem Code **"UP, UP, DOWN, DOWN, LEFT, RIGHT, LEFT, RIGHT, RIGHT, B, A"**.

  - **Effekt:** Die Eingabe des Codes gewährt vorübergehende Unbesiegbarkeit für 30 Sekunden.

2. Versteckte Entwicklermeldungen

- **Die Mauer der Dankbarkeit:**

  - In der **Kathedrale des Flüsterns** sind an einer der Wände schwache Radierungen mit den Namen der Spieleentwickler zu sehen.

  - Die Interaktion mit ihm löst eine Stimme aus dem Off aus, die sagt: **"Danke, dass du gespielt hast, dass sich diese Reise gelohnt hat."**

- **NPC namens "Chatterbox":**

  - In **der Elfenbeinbastion** gibt es einen NPC, der kommentiert, wie oft die Spieler mit ihm sprechen.

- o Nach 100 Interaktionen durchbricht er die vierte Wand und sagt: **"Weißt du, ich habe andere Spieler, mit denen ich reden kann."**

3. Popkultur-Referenzen

- **Das Schwert im Sumpf:**

  - o Ein Schwert, das **Excalibur** ähnelt, wird im **Klagesumpf gefunden**.

  - o Er benötigt **50 Stärke**, um ihn herauszuziehen, aber sobald er ihn erhält, verursacht er massiven Schaden.

- **Der Ring der Macht:**

  - o Dieser Ring befindet sich in den **Geschmolzenen Höhlen** und gewährt Unsichtbarkeit, lässt den Spieler aber beunruhigendes Flüstern hören.

  - o Eine klare Anspielung auf **Der Herr der Ringe**.

4. Humorvolle Gegenstände und Interaktionen

- **Das Huhn des Verderbens:**

  - o Wenn du im Dorf **Evershade** ein Huhn angreifst, wird ein unbesiegbares Superhuhn beschworen, das den Spieler 5 Minuten lang verfolgt.

  - o Wenn du sie besiegst (wenn du überlebst), lässt du die **Goldene Feder fallen**, die die Seltenheit der Beute erhöht.

- **Der Becher mit Infinite Ale:**

  - o Dieser Gegenstand ist in der **Taverne des betrunkenen Drachen zu finden** und sorgt dafür, dass der Bildschirm 10 Minuten lang leicht verschwommen ist, wenn er verwendet wird.

  - o Wenn er es fünfmal hintereinander konsumiert, wird der Spieler ohnmächtig und wacht an einem zufälligen Ort auf.

Warum diese Ostereier wichtig sind:

- **Sie verleihen dem Spiel Persönlichkeit:** Easter Eggs verleihen dem Spiel Charme und Humor und machen es unvergesslich.

- **Sie belohnen Erkundung:** Spieler, die sich die Zeit nehmen, jeden Winkel zu erkunden, werden mit Lachen und mächtiger Ausrüstung belohnt.

- **Sie bauen eine Gemeinschaft auf:** Die Spieler lieben es, Entdeckungen zu teilen, was die Attraktivität des Spiels nachhaltig erhöht.

Halte also die Augen offen, du weißt nie, wann du in South of Midnight auf ein verstecktes Juwel stolperst!

KAPITEL 9: ERFOLGE UND TROPHÄEN

Vollständige Liste der Erfolge und Trophäen

Erfolge und Trophäen in *South of Midnight* sind nicht nur Meilensteine, sie erzählen die Geschichte deiner Reise durch das Spiel. Egal, ob du ein Gelegenheitsspieler oder ein engagierter Komplettist bist, das Sammeln dieser Auszeichnungen bietet dir sowohl das Recht, damit zu prahlen, als auch Belohnungen im Spiel zu erhalten. Nachfolgend finden Sie eine kategorisierte Liste aller Erfolge und Trophäen, aufgeschlüsselt nach Spielaspekten.

Erfolge in der Handlung

1. **Mitternachtsruf** Schließe den Prolog ab.

2. **Echos der Vergangenheit** beenden Kapitel 1.

3. **Zerbrochene** Bindungen Werde Zeuge des Verrats eines wichtigen Verbündeten.

4. **Der Hollow King Falls** Besiegt den Hollow King.

5. **Cycle Unbroken** Beende die Haupthandlung mit einem beliebigen Ende.

6. **Hüter des Schleiers** Schalte das **geheime Ende** "Vergessenes Vermächtnis" frei.

Errungenschaften der Erkundung

1. **Cartographer's Dream** Vollständig enthülle die gesamte Spielkarte.

2. **Hidden No More** Entdecken Sie alle versteckten Orte.

3. **Meister der Geheimnisse:** Sammle alle Überlieferungen, Bücher und Tagebücher.

4. **Flüsterpfade** Reise durch 50 Geheimgänge.

5. **Reliktjäger** Finde 20 einzigartige Relikte, die über die ganze Welt verstreut sind.

Erfolge im Kampf

1. **First Blood** Besiege deinen ersten Feind.

2. **Todesbringer** Besiege 1.000 Feinde.

3. **Boss Breaker** Besiege jeden Haupt- und optionalen Boss.

4. **Unaufhaltsame Kraft** Erziele eine 100-Treffer-Kombo.

5. **Parieren Sie** erfolgreich 50 Angriffe hintereinander, ohne Schaden zu nehmen.

Rollenspiel und entscheidungsbasierte Erfolge

1. **Heiliger des** Lichts Triff 10 moralisch gute Entscheidungen.

2. **Meistermanipulator** Triff 10 moralisch graue oder manipulative Entscheidungen.

3. **Shadow of Midnight** Triff 10 moralisch schlechte Entscheidungen.

4. **Diplomat** Löse 5 große Konflikte durch Dialog.

5. **Das Ende des Verräters** Verrate alle drei großen Fraktionen in einem einzigen Spieldurchgang.

Errungenschaften beim Herstellen und Ressourcenmanagement

1. **Schmiedelehrling** Stelle deine erste Waffe her.

2. **Meister des Handwerks** Verbessere eine legendäre Waffe vollständig.

3. Potion Master Brew jede Art von Trank, die verfügbar ist.

4. **Einfallsreicher Überlebender** Schließe das Spiel ab, ohne dass dir die wichtigsten Ressourcen ausgehen.

5. **Umweltfreundlich** Beende das Spiel, ohne Heiltränke zu verwenden.

Schwierigkeitsgrad und fähigkeitsbasierte Erfolge

1. **Midnight Warrior** Schließe das Spiel auf dem **Schwierigkeitsgrad** "Schwer" ab.

2. **Kein Raum für Fehler** Schließe das Spiel im **Permadeath-Modus** ab.

3. **Makelloser Sieger** Besiege einen großen Boss, ohne Schaden zu nehmen.

4. **Speedrunner's Edge** Schließe das Spiel in weniger als 10 Stunden ab.

5. **Tausendsassa** Meistere alle Charakterklassen in einem einzigen Spieldurchgang.

Verschiedene und unterhaltsame Errungenschaften

1. **Hühnerflüsterer** Überlebe den Angriff des **Huhns des Verderbens**.

2. **Hintern hoch!** Ohnmächtig vom Trinken des **Bechers mit unendlichem Ale**.

3. **Finde** die **Mauer der Dankbarkeit** in der **Kathedrale des Flüsterns**.

4. **Mitternachtsmuse** Verbringen Sie 1 Stunde damit, in den Tavernen Bardenliedern zu lauschen.

5. **Mode-Ikone** Sammle und trage 10 einzigartige kosmetische Rüstungssets.

So schalten Sie schwierige Erfolge frei

Einige Erfolge in *South of Midnight* erfordern Strategie, Geduld und außergewöhnliches Geschick. In diesem Abschnitt findest du Tipps und Anleitungen, die dir helfen, die schwierigsten Herausforderungen zu meistern, die das Spiel zu bieten hat.

1. Kein Raum für Fehler Schließe das Spiel im Permadeath-Modus ab

Warum es schwierig ist:

- **Der Permadeath-Modus** bedeutet, dass deine gesamte Speicherdatei gelöscht wird, wenn du stirbst.

- Die Feinde schlagen härter zu und die Heilmittel sind knapp.

Profi-Tipps:

- **Spielen Sie vorsichtig:** Vermeiden Sie es, sich in Kämpfe zu stürzen. Spähe feindliche Muster aus, bevor du angreifst.

- **Nutze den Fernkampf:** Wenn du Abstand hältst, hast du mehr Zeit zum Reagieren.

- **Spare Ressourcen:** Horche Tränke und hochstufige Ausrüstung für Bosskämpfe im späten Spiel.

- **Meister des Parierens:** Perfektes Timing kann schwierige Kämpfe in überschaubare Kämpfe verwandeln.

2. Makelloser Sieger: Besiege einen großen Boss, ohne Schaden zu nehmen

Warum es schwierig ist:

- Große Bosse haben komplexe Angriffsmuster, Gefahren für die Umgebung und einen hohen Schadensausstoß.

Profi-Tipps:

- **Studiere den Boss:** Beobachte Angriffsmuster und Animationen, bevor du fehlerfreie Läufe versuchst.

- Nutze Ausweichfähigkeiten: Maximiere die **Ausweich- und Parierfähigkeiten, um deine Überlebensfähigkeit zu verbessern.**

- **Rüste dich mit der richtigen Ausrüstung aus: Verwende** Rüstungen, die die Ausdauer erhöhen, und Schilde, die Schaden absorbieren.

- **Übe mit Minibossen:** Verbessere zuerst dein Timing bei weniger herausfordernden Gegnern.

3. Speedrunner's Edge Schließe das Spiel in weniger als 10 Stunden ab

Warum es schwierig ist:

- Ein typischer Spieldurchgang kann 30-40 Stunden dauern.
- Erfordert optimiertes Routing und Überspringen optionaler Inhalte.

Profi-Tipps:

- **Überspringe unwesentliche Dinge:** Vermeide Nebenquests, es sei denn, sie bringen signifikante Upgrades.

- **Karten merken:** Die schnellsten Routen durch jede Region zu kennen, spart Stunden.

- **Montierungen und Schnellreise verwenden:** Immer Schnellreise, wenn verfügbar.

- **Stapelgeschwindigkeits-Buffs:** Bestimmte Tränke und Ausrüstung erhöhen die Bewegungsgeschwindigkeit.

4. Alleskönner: Meistere alle Charakterklassen in einem Spieldurchgang

Warum es schwierig ist:

- Jede Klasse erfordert umfangreiche Fertigkeitspunkte und Zeitinvestitionen.

- Einige Fertigkeiten sind hinter hochstufigen Inhalten verborgen.

Profi-Tipps:

- **Früh planen:** Verteilen Sie die Fertigkeitspunkte von Anfang an gleichmäßig auf die Klassen.

- **Schließe alle Nebenquests ab: Nebenquests** gewähren oft Fertigkeitspunkte und seltene Ausrüstung.

- **Grinde in ertragreichen Gebieten:** Gebiete mit häufigen Gegnerspawns helfen beim Leveln.

- **Mit Bedacht neu spezialisieren:** Verwende **Neuspezialisierungsmarken** (die in geheimen Dungeons zu finden sind), um Punkte neu zu verteilen.

5. Hühnerflüsterer Überleben Sie das Huhn des Verderbens

Warum es schwierig ist:

- Das **Huhn des Verderbens** ist ein Scherzfeind mit nahezu unbesiegbaren Werten.

- Es kann die meisten Spieler mit einem Schuss erledigen.

Profi-Tipps:

- **Fangen Sie es in der Umgebung ein: Verwenden** Sie schmale Türen, um seine Bewegung zu blockieren.

- **Umweltgefahren verwenden:** Locken Sie es in die Nähe von Fallen und explosiven Fässern.

- **Setze Fernkampfangriffe ein:** Halte Abstand und verringere seine Gesundheit.
- **Verbessere deine Ausrüstung:** Waffen und Rüstungen der Maximalstufe sind unerlässlich.

6. Umweltfreundlich Beenden Sie das Spiel ohne Heiltränke

Warum es schwierig ist:

- Heiltränke sind ein Rettungsanker in harten Schlachten.

- Erfordert ein hervorragendes defensives Spiel und den effizienten Einsatz anderer Heilmethoden.

Profi-Tipps:

- **Passive Heilausrüstung verwenden:** Bestimmte Rüstungsteile sorgen für eine allmähliche Lebensregeneration.

- **Decke dich mit Lebensmitteln ein:** Verbrauchsgüter wie gekochte Mahlzeiten können deine Gesundheit wiederherstellen, ohne den Erfolg zu verletzen.

- **Vermeide Schaden:** Priorisiere Tarnung und Massenkontrolle gegenüber dem direkten Kampf.

- **Verbündete verwenden:** Beschwörungen und Gefährten können Aggro von dir wegziehen.

Abschließende Ratschläge für Erfolgsjäger:

- **Seien Sie geduldig:** Schwierige Erfolge erfordern Beharrlichkeit. Lassen Sie sich von Misserfolgen nicht entmutigen.
- **Nutzen Sie Community-Ressourcen:** Foren und YouTube-Anleitungen können wertvolle Tipps bieten.

- **Spielen Sie zum Spaß:** Erfolge sind lohnend, aber die Reise ist auch wichtig.

Das Freischalten dieser herausfordernden Trophäen ist ein Beweis für dein Können und deine Hingabe. Mit der richtigen Strategie und Ausdauer kannst du jede Herausforderung meistern, *die South of Midnight* zu bieten hat.

Speedrunning und Completionist Goals

Für Spieler, die sich nach Meisterschaft und Effizienz sehnen, bietet South of Midnight einen spannenden Spielplatz für Speedrunner und Komplettisten gleichermaßen. Egal, ob du dich in Rekordzeit durch das Spiel rasen oder alle Geheimnisse aufdecken willst, die die Welt zu bieten hat, in diesem Abschnitt findest du Ziele, Strategien und Tipps, die dir helfen, deine Ziele zu erreichen.

1. Was ist Speedrunning in South of Midnight?

Beim Speedrunning geht es darum, das Spiel so schnell wie möglich abzuschließen und dabei oft optimale Routen, Mechaniken und Glitches (falls erlaubt) auszunutzen, um Rekordzeiten aufzustellen. South of Midnight bietet einen offiziellen Speedrunner-Modus, der einen In-Game-Timer und Bestenlisten zum Angeben enthält.

Kategorien von Speedrunning:

Beliebiger prozentualer Abschluss: Beende das Spiel so schnell wie möglich, egal wie viele Quests oder Gegenstände du überspringst.

100% Abschluss: Schließe alle Haupt- und Nebenquests ab, entdecke alle Sammlerstücke und erkunde jede Karte vollständig.

No Major Glitches: Ein puristischer Lauf, bei dem keine spielentscheidenden Exploits erlaubt sind.

Permadeath Speedrun: Schließe das Spiel im Permadeath-Modus unter einem Zeitlimit ab, ohne zu sterben.

2. Speedrunning Tipps und Strategien:

Routenoptimierung:

Schnellreisepunkte speichern: Schalte ätherische Schreine frühzeitig frei und nutze sie, um die Reisezeit zu verkürzen.

Priorisierung der Mobilität: Rüste Ausrüstung aus, die die Bewegungsgeschwindigkeit und die Ausdauerregeneration erhöht.

Überspringen Sie unwesentliche Dinge: Vermeiden Sie Kämpfe, es sei denn, es ist notwendig. Chefs und Hauptziele sollten dein Fokus sein.

Kampfeffizienz:

Burst Damage Builds: Setze Waffen oder Magie mit hohem Schaden ein, um gewöhnliche Feinde mit einem Schuss zu erledigen.

Nutze AoE-Fähigkeiten (Area of Effect): Das schnelle Besiegen von Gruppen spart Zeit in den erforderlichen Kampfzonen.

Artikel- und Ressourcenverwaltung:

Decken Sie sich im Voraus ein: Verschwenden Sie keine Zeit mit dem Sammeln von Ressourcen während des Laufs.
Setze Verbrauchsgegenstände mit Bedacht ein: Tränke mit Geschwindigkeitsschub und Gegenstände zur Ausdauerwiederherstellung sind unerlässlich.

Sparen Sie Zeit im Dialog:

Zwischensequenzen überspringen: Das Spiel ermöglicht das Überspringen von Zwischensequenzen im Speedrunner-Modus.

Wählen Sie "Schnelle Dialogoptionen": Oft beenden die kürzesten Antworten Gespräche schnell.

3. Vervollständigungsziele für Perfektionisten

Für Spieler, die alle Inhalte des Spiels erleben wollen, ist der Abschluss von South of Midnight auf 100 % die ultimative Herausforderung.

Was beinhaltet eine 100%ige Fertigstellung?

- Schließe die Haupthandlung und alle Nebenquests ab.
- Besiege jeden Boss (Hauptboss, optional und geheim).
- Entdecke alle versteckten Orte und Sammlerstücke.
- Schaltet alle Waffen, Rüstungen und kosmetischen Sets frei.
- Jedes Ende im Spiel erreichen.
- Vervollständigung der Erfolgs- und Trophäenliste.

Checkliste für Komplettisten:

- **Kartenvervollständigung:** Entdecke jede Region auf der Karte.
- **Lore-Sammlung:** Sammle alle Tagebucheinträge, Folianten und NPC-Dialogschnipsel.
- **Fraktionsruf:** Maximiere deinen Ruf bei allen drei großen Fraktionen.
- **Ausrüstungsmeisterschaft:** Sammle und verbessere jedes Waffen- und Rüstungsset.
- **Geheime Quests:** Schließe versteckte Quests ab, wie z.B. "Echos der Ewigkeit".
- **Alle Enden:** Schalte alle fünf Hauptenden und das geheime Ende frei.

4. Tools und Ressourcen für Speedrunner und Komplettisten

Community-Foren: Plattformen wie Speedrun.com und Reddit haben Foren, in denen Spieler Routen und Tipps austauschen.
YouTube Walkthroughs: Sieh dir die Runs der Top-Spieler an, um neue Strategien zu lernen.

In-Game Tracker: South of Midnight verfügt über einen Abschluss-Prozent-Tracker, mit dem du deinen Fortschritt überwachen kannst.

Benutzerdefinierte Speicherplätze: Verwenden Sie mehrere Speicherdateien, um wichtige Entscheidungspunkte erneut zu überprüfen.

Warum Speedrunning oder Completionist-Ziele verfolgen?

Prahlrecht: Erreichen Sie Ranglisten-Platzierungen oder 100% Abschlussrecht, um damit zu prahlen.

Erfolgserlebnisse: Das Überwinden herausfordernder Ziele sorgt für immense Zufriedenheit.

Schalte exklusive Belohnungen frei: Einige Gegenstände und kosmetische Gegenstände sind nur durch vollständigen Abschluss zugänglich.

Werde Teil der Community: Teile Strategien und Builds mit anderen Spielern.

Belohnungen und Spezialfreischaltungen

In *South of Midnight* gehen die Belohnungen über einfache Beute-Drops hinaus. Spezielle Freischaltungen bieten einzigartige kosmetische Gegenstände, Gameplay-Vorteile und das Recht zu prahlen, die die Spieler motivieren, jeden Winkel des Spiels zu erkunden. In diesem Abschnitt werden die verschiedenen Kategorien von Spezialfreischaltungen behandelt und wie man sie erhält.

1. Kosmetische Belohnungen

Kosmetika in *South of Midnight* ermöglichen es den Spielern, das Aussehen ihres Charakters zu personalisieren, von Rüstungs-Skins bis hin zu Waffendesigns.

Exklusive Skins:

- **Schattenschnitter-Rüstung:**

  - **Freischaltung:** Schließe das Spiel im **Permadeath-Modus** ab.

- **Strahlendes Ritter-Set:**

  - **Wie man freischaltet:** Schließe alle Haupt- und Nebenquests ab.

- **Goldener Reißzahn-Bogen:**

  - **Wie man freischaltet:** Erreichen Sie 100% Kartenerkundung.

Farbvarianten und Anpassung:

- Sammle **Farben des Schleiers**, die in der ganzen Welt verstreut sind, um Variationen der Rüstungsfarben freizuschalten.

- Benutzerdefinierte Waffenornamente werden durch das Abschließen von Loyalitätsquests der Fraktion freigeschaltet.

2. Einzigartige Waffen und legendäre Ausrüstung

Bestimmte legendäre Waffen und Ausrüstungsgegenstände bieten sowohl ästhetische Attraktivität als auch spielerische Vorteile.

- **Die Seelendurchdringer-Klinge:**

  o **Effekt:** Lebensraub bei Treffer.

  o **Freischaltung:** Besiege den geheimen Boss **Eater of Stars** in weniger als 5 Minuten.

- **Schleierbrecher-Schild:**

  o **Effekt:** Reflektiert 25 % des Schadens auf Gegner zurück.

  o **Freischaltung:** Schließe die **Prüfung der Vergessenen** ohne Tode ab.

- **Helm der Mondkrone:**

  - o **Effekt:** Erhöht den Erfahrungsgewinn um 20 %.

  - o **Wie man es freischaltet:** Sammle jedes **uralte Relikt** im Spiel.

3. Leistungsbasierte Belohnungen

Bestimmte Erfolge gewähren exklusive Vergünstigungen im Spiel.

- **Mitternachtseroberer (Erfolg):**

  - o **Belohnung:** Gewährt den Titel **"Herr der Schatten"** und eine leuchtende Aura.

- **Speedrunner's Edge (Erfolg):**

  - o **Belohnung:** Schaltet ein besonderes Reittier namens **"Ätherischer Stürmer"** frei.

- **Makelloser Sieger (Erfolg):**

  - o **Belohnung:** Exklusiver **Waffen-Skin für** die Phantomklinge.

4. Endgame-Freischaltungen

Nach Abschluss der Haupthandlung erhalten die Spieler Zugang zu speziellen Inhalten nach dem Spiel.

- **Neuer Spiel+-Modus:**

  - Die Gegner sind stärker, aber die Ausrüstung entwickelt sich weiter.

- **Endlose Dungeons:**

  - Prozedural generierte Dungeons mit seltener Beute.

- **Fraktionskriege:**

  - Fraktionskonflikte nach dem Spiel bieten wiederholbare Quests mit hochstufigen Belohnungen.

5. Community-Events und saisonale Belohnungen

Die Entwickler von *South of Midnight* veranstalten regelmäßig In-Game-Events mit exklusiven, zeitlich begrenzten Belohnungen.

- **Saisonale Veranstaltungen:**

  - Spezielle Quests zum Thema Feiertags, die einzigartige kosmetische Gegenstände bieten.

- **Herausforderungen auf der Bestenliste:**

    o   Top-Spieler erhalten exklusive Reittiere und Rüstungen.

- **Twitch-Drops:**

    o   Durch das Anschauen offizieller Live-Streams kannst du einzigartige Spielgegenstände verdienen.

Warum diesen Belohnungen nachjagen?

- **Prahlerei:** Zeigen Sie seltene Ausrüstung und Titel in Multiplayer-Modi.

- **Gameplay-Vorteile:** Legendäre Ausrüstung bietet oft erhebliche Werte-Boosts.

- **Wiederspielwert:** Neues Spiel+ und Inhalte nach dem Spiel sorgen für Abwechslung.

Egal, ob du gegen die Zeit antrittst oder alle versteckten Gegenstände sammelst, South *of Midnight* bietet unzählige Möglichkeiten, deine Grenzen zu überschreiten und befriedigende Belohnungen zu ernten.

KAPITEL 10: FORTGESCHRITTENE TECHNIKEN UND ZUSÄTZLICHE RESSOURCEN

Gameplay-Tipps für Profis

Für diejenigen, die *South of Midnight meistern wollen*, reicht es nicht aus, nur zu spielen, man muss dominieren. Gameplay auf Profi-Niveau erfordert strategische Entscheidungen, präzise Ausführung und das Verständnis der tieferen Mechanik des Spiels. Egal, ob du auf der Jagd nach Bestenlisten bist oder einfach nur die Konkurrenz übertreffen willst, diese Tipps für Fortgeschrittene werden dein Gameplay verbessern.

1. Beherrschung der Kampfmechanik

Perfektionieren Sie Ihr Timing

- **Parieren ist König:** Das Zeitfenster für das Parieren in *South of Midnight* ist eng, aber der Gewinn ist enorm. Erfolgreiche Paraden bringen Feinde nicht nur ins Taumeln, sondern öffnen sie auch für kritische Treffer.

- **Animation Cancelling:** Bestimmte Angriffe können mit einem Ausweichen oder einer Fähigkeit unterbrochen werden, was schnellere Folgeangriffe ermöglicht. Hier erfährst du, welche Animationen abgebrochen werden können, um den DPS zu maximieren.

Verwalte deine Ausdauer mit Bedacht

- **Übersetze dich nicht zu sehr:** Wenn dir mitten im Kampf die Ausdauer ausgeht, kannst du verwundbar werden. Reserviert immer mindestens 20 % Ausdauer für Notausweichmanöver.

- **Verwende Ausdauer-Boosting-Ausrüstung:** Ringe und Rüstungsteile mit Ausdauerregenerationsvorteilen sorgen dafür, dass du in Bewegung bleiben und angreifen kannst.

Mische Fern- und Nahkampf

- **Reichweite für Kontrolle:** Setze Fernkampfangriffe ein, um feindliche Fähigkeiten auszuschalten, bevor du die Lücke schließt.

- **Nah für den Tod:** Sobald die Schlüsselfähigkeiten eines Gegners abklinglich sind, wechsle für den Todesstoß in den Nahkampf.

2. Optimierung der Charaktererstellung

Kenne deinen Spielstil:

- **Tank-Build:** Priorisiert Gesundheit, Rüstung und Spottfähigkeiten, um im Gruppenspiel Schaden zu absorbieren.

- **DPS-Build:** Maximiere die kritische Trefferchance und die Angriffsgeschwindigkeit, um schnell Schaden auszuteilen.

- **Hybrid-Build:** Kombiniere moderate Verteidigung mit starken offensiven Fähigkeiten, um vielseitig zu sein.

Kombinieren Sie Ihre Fähigkeiten:

- Einige Fähigkeiten funktionieren besser zusammen. Zum Beispiel:

  - **Schattenschleier-Umhang + Hinterhältiger:** Werdet unsichtbar und schlagt dann zu, um doppelten Schaden zuzufügen.

  - **Blitzimpuls + Kettenreaktion:** Betäubt Gruppen von Gegnern und verursacht Flächenschaden.

3. Ausnutzung der Spielmechanik zum Vorteil

Umweltbewußtsein:

- **Nutze das Gelände zu deinem Vorteil: Höher gelegene** Gebiete gewähren einen Schadensschub für Fernkampfangriffe.

- **Gefahren für die Umgebung:** Locke Feinde in Fallen, explosive Fässer oder giftige Sümpfe.

Ausnutzung der Schwäche des Gegners:

- **Nach Verwundbarkeiten suchen:** Einige Feinde sind schwach gegenüber bestimmten Elementen oder Waffentypen.

- **Boss-Muster:** Jeder Boss hat einen "Tell" vor mächtigen Angriffen. Das Erlernen dieser Muster kann einen harten Kampf in einen leichten Sieg verwandeln.

4. Effizientes Ressourcenmanagement

Gold und Handwerksmaterialien:

- **Horten Sie keine kluge Investition:** Das Aufrüsten einer legendären Waffe ist besser als das Aufrüsten mehrerer Waffen mit niedrigem Level.

- **Herstellen statt Kaufen:** Materialien sind im Überfluss vorhanden; verwende sie, um Heiltränke, Pfeile und Fallen herzustellen, anstatt Gold auszugeben.

Strategie für Verbrauchsmaterialien:

- **Heiltränke:** Hebe dir hochstufige Heiltränke für Bosskämpfe auf.

- **Buff-Tränke:** Setze Angriffs- und Verteidigungsbuffs ein, bevor du dich Elite-Gegnern stellst.

- **Überstapeln ist der Schlüssel:** Tragen Sie mehr, als Sie denken, dass Sie brauchen, es ist besser, vorbereitet zu sein.

5. PvP- und Multiplayer-Strategien

- **Spielen Sie Gedankenspiele:** Im PvP erwarten die Spieler oft vorhersehbares Verhalten. Brechen Sie das Muster mit Fake-Outs und verzögerten Angriffen.

- **Deckung und Gelände nutzen:** Bleibe unberechenbar, indem du dich ständig bewegst und Umgebungsdeckung nutzt.

- **Wisse, wann du dich zurückziehen solltest:** Im PvP der offenen Welt kannst du dir eine zweite Chance geben, das Blatt zu wenden, wenn du dich zurückziehst.

6. Lernen Sie von den Besten

- **Top-Spieler ansehen:** Analysiere Gameplay-Material von Top-Spielern, um fortgeschrittene Strategien zu lernen.

- **Tritt hochstufigen Gilden bei:** Teil einer Gilde mit erfahrenen Spielern zu sein, bietet Mentoring-Möglichkeiten und Insidertipps.

- **Fordere dich selbst heraus:** Stelle dir persönliche Herausforderungen, wie z. B. das Abschließen von Missionen mit unkonventionellen Builds, um die Anpassungsfähigkeit zu verbessern.

Community-Ressourcen und Online-Leitfäden

Kein Gamer wird alleine zum Meister. Die South of Midnight-Community ist voll von leidenschaftlichen Spielern, Content-Erstellern und Foren, die unschätzbare Einblicke bieten. Egal, ob du Build-Vorschläge, Boss-Strategien oder einfach nur deine Erfolge zeigen möchtest, diese Ressourcen können dein Spielerlebnis verbessern.

1. Offizielle Spielforen

Die offiziellen **South of Midnight-Foren** sind der beste Ort, um damit zu beginnen. Die Spieler tauschen Tipps aus, melden Fehler und diskutieren über Spielmechaniken.

- **Foren-Bereich:**

    o **Build-Optimierung:** Meta-Builds aus der Community.

    o **Speedrunning-Tipps:** Routen und zeitsparende Techniken.

    o **Patchnotes & Updates: Bleibt** auf dem Laufenden über Änderungen, die sich auf das Gameplay auswirken könnten.

2. YouTube- und Twitch-Kanäle

Top-Ersteller von Inhalten:

- **MidnightMastery:** Bekannt für tiefgründige Builds und Speedrun-Strategien.

- **ShadowWarden:** Spezialisiert auf PvP-Taktiken und hochstufige Bosskämpfe.

- **LoreHunterTV:** Erkundet verborgene Geheimnisse, Easter Eggs und Lore-Theorien.

Warum Streamer schauen?

- **Lerne neue Strategien:** Wenn du dir das Live-Gameplay anschaust, kannst du sehen, wie Experten mit schwierigen Begegnungen umgehen.

- **Bleiben Sie auf dem Laufenden:** Streamer erhalten oft frühzeitig Zugang zu Patches und DLCs.

- **Engagieren Sie sich in der Community:** Twitch-Chats und YouTube-Kommentare können eine Goldgrube für Tipps sein.

3. Community-Foren und soziale Plattformen

Reddit (r/SouthOfMidnight):

- Aktive Community mit Build-Diskussionen, Fan-Art und Tipps für Neulinge.

- Wöchentliche Herausforderungs-Threads, um das Gameplay frisch zu halten.

Discord-Server:

- Echtzeit-Hilfe bei Bossen, Bautipps und Matchmaking für Multiplayer-Inhalte.

- Tritt Gilden bei und finde engagierte Schlachtzugsteams.

4. Von Fans erstellte Anleitungen und Wikis

- **Mitternachts-Kodex (Wiki):**

  o Vollständige Aufschlüsselung von Gegenständen, Orten und Überlieferungen.

- **Mitternachts-Werkzeuge:**

  o Baue Rechner, Schadensoptimierer und Item-Drop-Tracker.

- **Speedrun.com:**

  - Verfolgen Sie Rekordzeiten und lernen Sie die schnellsten Routen.

5. Online-Marktplätze und Handelsplätze

- **Marktplatz-Foren:**

  - Handle mit legendären Waffen, Rüstungssets und seltenen Handwerksmaterialien.

- **Tipps zur Wirtschaft im Spiel:**

  - Erfahre, wie du vom Farmen seltener Gegenstände und dem Tauschen profitieren kannst.

Warum sollte man sich mit der Community beschäftigen?

- **Bleib der Zeit voraus:** Community-Mitglieder entdecken oft Exploits, versteckte Quests oder optimale Builds, bevor offizielle Guides aktualisiert werden.

- **Freunde finden und zusammenarbeiten:** Gilden und Clans bieten nicht nur Vorteile für das Spiel, sondern auch ein Gefühl der Gemeinschaft.

- **Holen Sie sich Echtzeit-Hilfe:** Sie haben einen Boss? Stellen Sie eine Frage und erhalten Sie sofortiges Feedback.

Wenn du die Weisheit der Community nutzt und deine Gameplay-Fähigkeiten auf Profi-Niveau verfeinerst, wird *South of Midnight* zu mehr als nur einem Spiel, es wird zu deinem Spielplatz. Von der Beherrschung der Kampfmechanik bis hin zur Vernetzung mit

Mitspielern gibt es unzählige Möglichkeiten, sich weiter zu verbessern. Nehmt die Herausforderung an, tretet der Community bei und schreibt euren Namen in den Annalen der *Legenden* von South of Midnight.

Mods und Anpassungsoptionen

Einer der aufregendsten Aspekte von *South of Midnight* ist die Modding-Community und die Vielfalt der Anpassungsoptionen, die den Spielern zur Verfügung stehen. Egal, ob du die Grafik verbessern, die Spielmechanik optimieren oder völlig neue Inhalte hinzufügen möchtest, Mods ermöglichen es dir, dein Erlebnis zu personalisieren. In diesem Abschnitt erfahren Sie mehr über die besten Mods, wie Sie sie sicher installieren können und die Anpassungsfunktionen im Spiel, mit denen Sie die Welt nach Ihren Wünschen anpassen können.

1. Die Rolle der Mods in South of Midnight

Mods oder Modifikationen sind von Spielern erstellte Dateien, die das Spiel auf verschiedene Weise verändern. Die *Community von South of Midnight* hat sich dem Modding verschrieben, um die Grafik zu verbessern, die Mechanik anzupassen und die Gameplay-Inhalte zu erweitern.

Warum Mods verwenden?

- **Verbesserte Grafik: Texturen** mit höherer Auflösung, Beleuchtungsanpassungen und verbesserte Charaktermodelle.

- **Gameplay-Anpassungen:** Passe den Schwierigkeitsgrad, die KI der Gegner oder die Inventargrenzen an.

- **Neue Inhalte:** Benutzerdefinierte Quests, Waffen und sogar ganze Regionen.

- **Quality of Life (QoL):** Schnellere Inventarverwaltung, bessere Lesbarkeit der Benutzeroberfläche oder schnelleres Crafting.

2. Beliebte Mods und ihre Vorteile

Mods zur Grafiküberarbeitung:

- **Midnight ReShade:** Verbessert die Beleuchtung, die Schatten und die allgemeine Farbpalette für ein noch intensiveres Erlebnis.

- **4K Texture Pack:** Skaliert Texturen von Charakteren, Umgebungen und Ausrüstung hoch.

Gameplay-Mods:

- **Kein Ausdauerverbrauch:** Entfernt oder reduziert den Ausdauerverbrauch für schnellere Kämpfe.

- **Verbesserte Gegner-KI:** Macht Feinde unberechenbarer und herausfordernder.

- **Level-Cap-Entferner:** Ermöglicht den Fortschritt über die Basis-Level-Obergrenze hinaus.

Anpassungs-Mods:

- **Rüstungsfarbstoff-Erweiterung:** Schaltet zusätzliche Farben und Muster für alle Rüstungssets frei.
- **Benutzerdefinierter Charaktersteller:** Fügt neue Frisuren, Tattoos und Gesichtszüge hinzu.

Lustige und skurrile Mods:

- **Big Head Mode:** Eine nostalgische Anspielung auf klassische Spiele, bei der die Köpfe der Charaktere urkomisch überdimensioniert sind.

- **Haustiergefährten:** Fügt Hunde, Katzen oder Fabelwesen hinzu, die die Spieler begleiten.

3. So installieren Sie Mods sicher

Schritt-für-Schritt-Installationsanleitung:

1. **Sichern Sie Ihre Spielstände:** Sichern Sie immer Ihre Spieldaten, bevor Sie Mods installieren.

2. **Verwenden Sie vertrauenswürdige Mod-Plattformen:**

   o **Nexus Mods:** Die seriöseste Quelle für sichere und getestete Mods.

   o **Steam Workshop (falls verfügbar):** Integriert und sicher.

3. **Laden Sie einen Mod Manager herunter:**

   o **Vortex** oder **Mod Organizer 2** erleichtert die Installation und hilft bei der Verwaltung von Ladeaufträgen.

4. **Auf Kompatibilität prüfen:**

     o   Stellen Sie sicher, dass Mods mit Ihrer Spielversion kompatibel sind.

     o   Lesen Sie Benutzerkommentare für Fehlerberichte.

5. **Test nach der Installation:**

     o   Laden Sie das Spiel nach der Installation der einzelnen Mods, um Probleme frühzeitig zu beheben.

4. Anpassungsoptionen im Spiel

Auch ohne Mods bietet *South of Midnight* robuste Anpassungsoptionen, mit denen die Spieler ihr Spielerlebnis optimieren können:

HUD- und Interface-Anpassungen:

- **HUD-Elemente umschalten:** Blende die Minikarte, den Gesundheitsbalken oder die Questmarkierungen aus, um ein fesselndes Erlebnis zu erleben.

- **Größenveränderbare Benutzeroberfläche:** Passen Sie die Textgröße und die Platzierung der Benutzeroberfläche an.

Schwierigkeitsstufen:

- Passe den Schwierigkeitsgrad im Handumdrehen an, vom **Story-Modus** bis zum **Albtraum-Modus**, je nachdem, welche Herausforderung du suchst.

Kosmetische Anpassung:

- **Aussehen des Charakters:** Ändere Frisuren, Tattoos und Outfits jederzeit über die **Aussehensspiegel im Spiel**.

- **Reittiere und Gefährten:** Schalte verschiedene Skins und Accessoires für deine Reittiere und Haustiere frei.

5. Vorsichtshinweise zum Modding

- **Beschädigungsrisiko:** Einige Mods können Speicherdateien beschädigen, wenn sie nicht ordnungsgemäß installiert werden.

- **Vor Updates deaktivieren:** Deaktivieren Sie Mods immer, bevor Sie Spiel-Patches anwenden, um Konflikte zu vermeiden.

- **Vorsicht vor Cheats:** Einige Mods bieten Cheats an, die Erfolge ungültig machen oder zu Account-Sperren im Mehrspielermodus führen können.

Zukünftige Updates und DLC-Inhalte

Die Reise durch *South of Midnight* endet nicht mit dem Basisspiel. Die Entwickler haben sich zu einer aufregenden Post-Launch-Roadmap verpflichtet, die kostenlose Updates, saisonale Events und umfangreiche DLCs umfasst. In diesem Abschnitt erfährst du, worauf sich die Spieler freuen können und wie kommende Inhalte das Spiel verbessern werden.

1. Entwickler-Roadmap und versprochene Updates

Die Entwickler von *South of Midnight* haben eine detaillierte Roadmap veröffentlicht, die die Zukunft des Spiels skizziert.

Kommende kostenlose Updates:

- **QoL Patch 1.1:** Verbesserte Ladezeiten, Anpassungen der Benutzeroberfläche und Fehlerbehebungen.

- **Neuer Spiel+-Modus:** Übernimm Ausrüstung und Fähigkeiten für ein noch härteres Wiederholungserlebnis.

- **Saisonale Events:** Besondere Events, die mit der Geschichte des Spiels verbunden sind und einzigartige Belohnungen bieten.

2. Große DLC-Erweiterungen

Die Entwickler haben zwei große DLCs angekündigt, die die Geschichte und das Spielerlebnis erweitern werden.

DLC 1: Der Schleier der Ewigkeit

- **Veröffentlichungsdatum:** 2. Quartal nächsten Jahres.

- **Handlung:** Erkundet das Schattenreich jenseits der lebendigen Welt.

- **Neue Funktionen:**

    o **Neue Region:** Riesige Open-World-Gebiete mit dynamischem Wetter.

    o **Neue Bosse:** Fünf mächtige Wesen, die mit dem Reich der Schatten verbunden sind.

    o **Neue Fähigkeiten:** Schattenbasierte Magie für Tarnung und Massenkontrolle.

DLC 2: Der Zorn der verlorenen Götter

- **Erscheinungsdatum:** Ende des Jahres.

- **Handlung:** Im Mittelpunkt steht eine Rebellion vergessener Gottheiten, die versuchen, die Welt zurückzuerobern.

- **Neue Funktionen:**

    o **Spielbare Götterformen:** Nehmen Sie vorübergehend die Gestalt mächtiger Götter an.

    o **Mythische Waffen:** Sammle göttliche Waffen mit spielverändernden Fähigkeiten.

    o **Fraktionskriege:** Verbünde dich mit verschiedenen Göttern, um einzigartige Belohnungen zu erhalten.

3. Saisonale Events und zeitlich begrenzte Inhalte

Saisonale Events verleihen dem Spiel ein dynamisches Element mit exklusiven, zeitlich begrenzten Inhalten.

Beispiele für saisonale Veranstaltungen:

- **Midnight Harvest:** Ein Halloween-Event, bei dem die Spieler geisterhafte Kreaturen jagen.

- **Lichterfest:** Ein Winterevent mit festlichen kosmetischen Gegenständen und Community-Herausforderungen.

- **Fraktionskampf:** Tritt in fraktionsbasierten PvP-Events mit rotierenden Belohnungen an.

4. Beteiligung der Community an zukünftigen Inhalten

Die Entwickler tauschen sich aktiv mit der Community aus, um zukünftige Updates zu gestalten.

- **Spielerumfragen: Die** Fans stimmen darüber ab, welche Features oder Kosmetika sie als nächstes haben wollen.

- **Feedback-Foren: Regelmäßige** Feedback-Threads helfen dabei, Fehlerbehebungen und Inhaltsanpassungen zu priorisieren.

- **Modder Collaborations:** Einige Community-Mods wurden offiziell in das Spiel integriert.

5. So bleibst du über neue Inhalte auf dem Laufenden

- **Folgen Sie den offiziellen Kanälen:**

  - Twitter, Discord und die offizielle Website bieten Echtzeit-Updates.

- **Treten Sie der Community bei:**

  - Reddit und Foren veröffentlichen oft Inhalte oder teilen erste Eindrücke.

- **Newsletter abonnieren:**

  - o   Erhalten Sie exklusive Einblicke, Early-Access-Angebote und Veranstaltungserinnerungen.

Abschließende Gedanken:

Die Zukunft von *South of Midnight* sieht rosig aus, mit einem stetigen Strom von Updates und Erweiterungen, die das Spiel frisch und fesselnd halten sollen. Egal, ob du dich auf neue Handlungsstränge, herausfordernde Bosse oder einfach nur mehr Anpassungsoptionen freust, es ist für jeden etwas dabei. Bleiben Sie dran, bleiben Sie engagiert und erkunden Sie weiterhin die mysteriöse Welt, die *South of Midnight* zu bieten hat.

www.ingramcontent.com/pod-product-compliance
Lightning Source LLC
LaVergne TN
LVHW051330050326
832903LV00031B/3452